持続可能な社会を目指して、家庭・地域での実践につなげ

今日からはじめる
省エネ教育

開隆堂

はじめに

　気候変動問題は年々深刻化してきており、日本国内においても豪雨や猛暑、台風災害などが頻発しています。IPCC（気候変動に関する政府間パネル）の報告書からも、今後の**地球温暖化**に伴い、豪雨災害や猛暑のリスクが高まる可能性が指摘されており、抜本的かつ持続的な温室効果ガス削減が求められています。

　2016年に発効したパリ協定で、世界は**脱炭素**社会を目指し、その一歩を踏み出しました。日本は、2030年度に26%（2013年度比）の温室効果ガス（二酸化炭素など）の排出削減、さらに2050年までに実質ゼロにすること（**カーボンニュートラル**）を目指すこととしています。この取り組みを達成するためには、**家庭部門においても、2030年度までに約40%減**と大幅な削減が求められています。

　2017年3月に改訂された**新学習指導要領**においても、子どもたちが未来社会を切り拓くための資質・能力の育成が大きな論点となりました。中でも、**持続可能な社会の創り手の育成**について前文で言及されたことは特筆すべき点です。全教科において、これまでの学習より一歩進めて、持続可能な社会の望ましい選択ができる人材（自ら気づき実践する人材）を育てること、実際に家庭での省エネ行動を促すことにつながる授業を行うための**気候変動教育（CCE）**が求められているのです（詳細はP100参照）。

　現在推進されている「**持続可能な開発目標（SDGs）**」は2015年の国連総会で採択されました。これは、人間活動に伴う地球環境の悪化など気候変動を始めとしたグローバルな問題の解決には、先進国・開発途上国が共に取り組むことが重要であるという認識が共有された結果であり、この考え方は教育にも導入されつつあります（詳細はP100、P129参照）。

　こういった背景を受け、学校教育現場での気候変動・SDGs教育の導入を目指し、2017年度から2020年度にかけて実施された環境省実証事業*をベースに本書は開発されました。この実証では、本書に示した**省エネ教育**を小中高等学校で導入することで、**約5%のCO$_2$削減効果**および、**約20%の省エネ行動実践率向上**を確認しています。

　また、本プログラムでは、「**主体的、対話的、深い学び**」である**アクティブ・ラーニング**および気づきから自発的行動を促す**ナッジ**や**行動変容ステージモデル**などの行動科学の先進的な知見が使われています（詳細はP99参照）。

　これからの社会においては、地球環境の危機へ対応するために、経済・社会システムはもちろん、一人ひとりの日常生活の在り方を大きく変えることが不可欠となってきます。本プログラムが自治体、学校などで広く活用され、今後の気候変動問題の緩和と子ども一人ひとりが持続可能な社会の望ましい選択ができる人材へ育つ一助となることを強く期待しております。

*環境省「低炭素型の行動変容を促す情報発信（ナッジ）等による家庭等の自発的対策推進事業」受託業務の一環である「学校教育アプローチによる『B2E2Cナッジ』事業」

省エネ教育プログラム検討委員会一同

そらたんは、本教材をナビゲートするキャラクターです。

もくじ

はじめに ……………………………………………………………………………………………… 1

もくじ ………………………………………………………………………………………………… 2

本書の活用方法 ……………………………………………………………………………………… 3

授業のすすめ方 ……………………………………………………………………………………… 5

デジタル教材の使い方 ……………………………………………………………………………… 7

●省エネ行動シールをつくろう!! ………………………………………………………………… 9

●なんで省エネするの?! …………………………………………………………………………… 10

ステップ1 【事前学習】電気・ガス・水道のメーター読めるかな?
　　　　　　●児童・生徒用ワークシート …………11 ／ 教師用指導案・解説 …………… 15

ステップ2 【課題発見】地球環境と省エネはどんな関係?
　　　　　　●児童・生徒用ワークシート …………19 ／ 教師用指導案・解説 …………… 23

ステップ3 【解決方法の検討と計画】自分ができる省エネ行動はなんだろう?
　　　　　　●児童・生徒用ワークシート …………27 ／ 教師用指導案・解説 …………… 31

ステップ4 【課題解決に向けた実践活動】省エネ行動にチャレンジ!!
　　　　　　ステップ4 体験プログラムの進め方 ……………………………………………… 35
　　　　　　選択体験(ガス:エコ・クッキング)
　　　　　　●児童・生徒用ワークシート …………37 ／ 教師用指導案・解説 …………… 43
　　　　　　選択体験(水道:節水実験)
　　　　　　●児童・生徒用ワークシート …………49 ／ 教師用指導案・解説 …………… 53
　　　　　　選択体験(電気:節電実験)
　　　　　　●児童・生徒用ワークシート …………57 ／ 教師用指導案・解説 …………… 61
　　　　　　選択体験(全般:省エネ行動トランプ)
　　　　　　●児童・生徒用ワークシート …………65 ／ 教師用指導案・解説 …………… 69

ステップ5 【実践活動の評価・改善】持続可能な社会に向けて発信するぞ!
　　　　　　●児童・生徒用ワークシート …………73 ／ 教師用指導案・解説 …………… 77

ステップ6 【事後学習】自分の生活を振り返ろう
　　　　　　●児童・生徒用ワークシート …………81 ／ 教師用指導案・解説 …………… 83

各ステップで使用するシート一覧 ………………………………………………………………… 85
　　　　　　メーター記録シート(標準版)／そらたんからの挑戦状(標準版)／
　　　　　　新聞作成シート(2段組)／新聞作成シート(4段組)／行動プランシート

学習を深めていただくために ……………………………………………………………………… 98

効果的な学習のすすめ方
　1 学習をスタートするに当たり …………………………………………………………………… 99
　2 新学習指導要領に応じた指導計画 …………………………………………………………… 103
　3 カリキュラム・マネジメントに取り組もう ………………………………………………… 105
　4 限られた授業時間で実施する場合の手引き ………………………………………………… 109
　5 オンラインや家庭学習で行う場合の手引き ………………………………………………… 111

どんどん広がる省エネ教育の輪
　・全国での実践例の紹介(小学校／地域で導入／中学校／高校) …………………………… 113
　・新聞作成事例(小学生／中学生／高校生) ………………………………………………… 122
　・子どもたちや保護者の声　～どんなことを学んでいるのか～ …………………………… 125

本書で取り上げた省エネ教育ゲーミング教材の紹介 ………………………………………… 127

SDGsと気候変動教育・省エネ教育との関連 ………………………………………………… 129

索　引 ………………………………………………………………………………………………… 130

※●は児童・生徒配布用教材です。

◼️ 本書の活用方法

　本書は、持続可能な社会の創り手の育成を目指す指導者の皆様に向けた指導書となっています。主に小学校中高学年から中高生までの、初等教育・高等教育の授業での活用を念頭に置き、学齢・学年に応じて指導ができるようなプログラムとなっています。これまでに全国で約1万名を対象に授業を導入しており、その教育効果も明らかとなっています。

　本書では、「はじめに」で紹介した省エネ教育プログラムを、毎週1時間ずつ6回に分けて実施することを基本プログラムとしています（限られた授業時間で実施する場合の手引きは（P109～110）をご確認ください）。最新の行動科学の知見がふんだんに盛り込まれているので、本書に沿って授業を行うことで、知識の習得だけでなく、家庭での実践、社会での応用と効果が期待できます。

　小学校高学年の実施を主体に記載していますが、中学校、高等学校で実施する場合に付け加えていただきたい内容を、教師用解説書でフォローしています。いずれも新しい学習指導要領に沿った形となっています（詳細は「新学習指導要領に応じた指導計画案」P103～104）。

　授業で使用するワークシート、教師用指導案・解説、デジタル教材はすべて本書に含まれています。より深く理解して導入していただくために「効果的な学習のすすめ方（P99～112）」や既に導入した学校での実践例（P113～121）なども収録しています。併せてご確認ください。

　本プログラムは全6回（ステップ1からステップ6まで）を1回45分（または50分）で実施することを想定しています。ステップ4の「体験学習プログラム」は一部、1回90分で実施するものもあります（詳細はP35）。

　限られた時間で実施いただくことを目的に、1～2時間で実施する場合や全4回で実施する「限られた授業時間で実施する場合」のプログラム、オンラインや家庭学習での導入方法もご紹介しています（詳細はP109～P112）。

【教育関係者、保護者の皆様へ】
本書は基本的には学校の授業で導入することを想定し、作成されていますが、内容的には子どもから大人までを対象とした環境教育・気候変動教育・SDGs教育に活用いただける内容となっています。
体系的な導入、部分的な活用のいずれでも、教育効果があることが明らかとなっていますので、気候変動緩和・対応策として、家庭教育、公的教育、民間教育など、様々なところでご活用いただければと思います。

　　　　　　　　　　　問い合わせ先：省エネ教育プログラム検討委員会　事務局
　　　　　　　　　　　https://j-nudge.jp/contact/

■学習の流れ

　6回のプログラムの実施とシート類の記入を並行して行うことで、児童・生徒自らがプログラム実施の効果を定量的に測定することが可能です。

プログラムの実施		シート類の記入			
		メーター記録シート	そらたんからの挑戦状	新聞	行動プランシート
ステップ1	電気・ガス・水道の メーター読めるかな？	帰宅後計測・記入			
ステップ2	地球環境と省エネは どんな関係？	帰宅後計測・記入	授業の最初に記入 項目1～8を実施	作成開始	
ステップ3	自分ができる省エネ 行動はなんだろう？	帰宅後計測・記入	授業の最初に記入 項目9～16を実施		
ステップ4	省エネ行動にチャレンジ!!	帰宅後計測・記入	授業の最初に記入 項目1～16を実施		体験学習後 記入
ステップ5	持続可能な社会に向けて 発信するぞ!	帰宅後計測・記入	授業の最初に記入 項目1～16を実施	発表	
ステップ6	自分の生活を振り返ろう	帰宅後計測・記入※ ※ステップ6の授業の前日に記入させるとこの日で提出物も完了する	授業の最初に記入		

■本書の構成

もくじ（P2）に則り、本書の構成を紹介いたします。

ページ	見出し	紹介文
1	はじめに	
2	もくじ	
3～4	本書の活用方法	最初にお読みください。
5～6	授業のすすめ方	学習の流れをご説明します。
7～8	デジタル教材の使い方	全編デジタル教材が活用できます。児童・生徒用ワークシートはダウンロードして印刷できます。
9	省エネ行動シールをつくろう！！	プリントしたものを配布し、切り取り、家庭で貼るようにするとより効果的です。
10	なんで省エネするの？!	授業開始前に説明することで、何のために授業を行うのか理解しやすくなります。
11～14	ステップ1 児童・生徒用ワークシート	児童・生徒用ワークシート4ページ（A3両面）の後に、教師用指導案、解説書がそれぞれつく構成となっています。
15～16	ステップ1 指導案	
17～18	ステップ1 教師用解説	
19～34	ステップ2～ステップ3（児童用・生徒用ワークシート、指導案、教師用解説）	ワークシートはダウンロードして印刷してお使い下さい。
35～72	ステップ4 体験学習プログラム紹介（児童用・生徒用ワークシート、指導案、教師用解説）	ステップ4は4つのプログラムから選んでください。学校にない道具は別途購入が必要となります。
73～84	ステップ5～ステップ6（児童用・生徒用ワークシート、指導案、教師用解説）	ステップ6のみ2ページとなります。この時間は、別途紹介している省エネを促進するゲーム（P127～128）を行うことを推奨しています。
85～86	各ステップで使用するシート一覧	授業で使用するシート類はこちらです。
87～90	メーター記録シート	
91～94	そらたんからの挑戦状	
95～96	新聞作成シート	
97	行動プランシート	
98～102	学習を深めていただくために	学習を深めていただくために、授業導入にあたり、事前に一読いただくことをおすすめします。
99～102	学習をスタートするに当たり	
103～104	学習指導要領に応じた指導計画	新学習指導要領に応じた導入方法や最新の行動科学の知見がどのように学習に反映されるのかをご理解いただけます。
105～108	カリキュラム・マネジメントに取り組もう	
109～110	限られた時間で実施する場合の手引き	カリキュラム・マネジメントや教科連携の行い方、短い時間で授業を行う場合やオンライン・家庭学習で行う場合についてもご確認いただけます。
111～112	オンラインや家庭学習で行う場合の手引き	
113～126	どんどん広がる省エネ教育の輪 ・全国での実践例の紹介 ・新聞作成事例 ・子どもたちや保護者の声	全国で導入された実践例を、先生方の声、児童・生徒、保護者の声と合わせてご紹介します。
127～128	本書で取り上げた省エネ教育ゲーミング教材の紹介	本プログラムでおすすめしている省エネを促進するゲームプログラムを紹介します。
129	SDGsと気候変動教育・省エネ教育との関連	本プログラムとSDGsとの関連をより詳しく紹介します。
130	索引	本書に記載のあった用語を確認できます。

■■ 授業のすすめ方

本書を活用し、1週間に1回1時間、6週間をめやすにステップ1からステップ6まで取り組んでください。全てを導入できない場合は「限られた授業時間で実施する場合の手引き」(P109〜110) をご覧ください。

時間割り	小題材名及び目標	主な学習活動	○ 導入している主な手法 ■ 評価の観点
ステップ1	【事前学習】 電気・ガス・水道のメーター読めるかな?	・家の中で様々なエネルギーを使用していることに気づく。 ・各メーターを読む理由を理解し、電気、ガス、水道メーターの設置場所、メーターの数値の読み取り方を知り、記録できるようにする。	○ ドリル学習、ナッジ、行動変容ステージモデル ■ 知識及び技能
ステップ2	【課題発見】 地球環境と省エネはどんな関係?	・地球温暖化に伴う気候変動の結果、様々な地球環境問題が起きていることに気づき、エネルギー資源や地球温暖化問題について理解することができる。 ・新聞作成のための調べ学習を通して、地球環境問題への理解を深めることができる。	○ ナッジ、行動プラン、行動変容ステージモデル ■ 知識及び技能 ■ 思考力・判断力・表現力等
ステップ3	【解決方法の検討と計画】 自分ができる省エネ行動はなんだろう?	・もったいないエネルギーの使い方をしていないかどうか気づく。 ・どのような使い方が省エネルギーにつながるのかを仕組みと合わせて理解することができる。 ・省エネ行動を家庭や学校で実践できる。 ・新聞作成のための調べ学習を通して、地球環境問題への理解を深めることができる。 ・自ら省エネ行動の大切さに気づく。	○ ナッジ、行動プラン、行動変容ステージモデル ■ 知識及び技能 ■ 思考力・判断力・表現力等
ステップ4	【課題解決に向けた実践活動】 省エネ行動にチャレンジ!! 選択体験授業 (ガス、水道、電気、全般) ※右記プログラムから1つ以上お選びください。	ガス(エコ・クッキング):クロックムッシュなどの調理を通して、省エネを体感する。 水道(節水実験):上手な食器洗浄方法を体験し、水や湯、洗剤を上手に使う方法を体感する。 電気(節電実験):照明や身近な家電製品の電力消費量を計測することで、節電対策について体感する。 全般(省エネ行動トランプ):生活と環境とのかかわりから、家庭でできる省エネ行動を体感する。	○ ナッジ、行動プラン、行動変容ステージモデル ■ 知識及び技能 ■ 思考力・判断力・表現力等
ステップ5	【実践活動の評価・改善】 持続可能な社会に向けて発信するぞ!	・これまでの調べ学習を通し作成した新聞を発表し、お互いの理解を深めるとともに、自分の省エネ行動をコミットメントする。 ・メーター記録結果を振り返り、省エネ行動を実践することで、家庭の電気・ガス、水の使用量がどれくらい減ったかを確認する。	○ ナッジ、コミットメント、フィードバック、行動変容ステージモデル ■ 知識及び技能 ■ 思考力・判断力・表現力等 ■ 学びに向かう力・人間性等
ステップ6	【事後学習】 自分の生活を振り返ろう	・メーター記録シート、そらたんからの挑戦状など未提出物の提出。 ・自分の電気・ガス・水道の使用量の変化に気づく。 ・他にもできる省エネ行動があることを理解し、継続して実践する。 〈追加体験学習(任意)〉 ・省エネ行動トランプ:生活と環境とのかかわりから、家庭でできる省エネ行動を体感する。 ・エコな買い物&調理カード:環境に配慮した買い物と調理について、疑似体験を通して体感する。 ・エコな住まい方すごろく:住環境の機能や問題点を知り、生活の工夫や改善方法を体感する。	○ ナッジ、行動変容ステージモデル ■ 思考力・判断力・表現力等

※デジタルツールは、全編を通して用意されています。特に動画が入っている部分は「展開事例」にマーク( )を入れてあります。

■児童・生徒用ワークシート／教師用指導案・解説の活用方法

　各ステップは児童・生徒用ワークシート、指導者用（指導案・解説）の順に各4ページ＊で構成されています。児童・生徒用ワークシートは、ダウンロードし印刷してご活用下さい。
＊エコ・クッキングのみ、中高生向けのレシピを挿入しているため2ページずつ増えています。

ダウンロードはこちら　➡　http://www.kairyudo.co.jp/kyokara7

● 児童・生徒用ワークシート

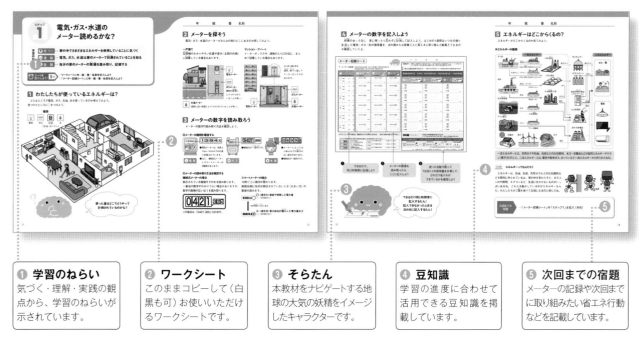

❶ 学習のねらい	❷ ワークシート	❸ そらたん	❹ 豆知識	❺ 次回までの宿題
気づく・理解・実践の観点から、学習のねらいが示されています。	このままコピーして（白黒も可）お使いいただけるワークシートです。	本教材をナビゲートする地球の大気の妖精をイメージしたキャラクターです。	学習の進度に合わせて活用できる豆知識を掲載しています。	メーターの記録や次回までに取り組みたい省エネ行動などを記載しています。

● 教師用指導案・解説

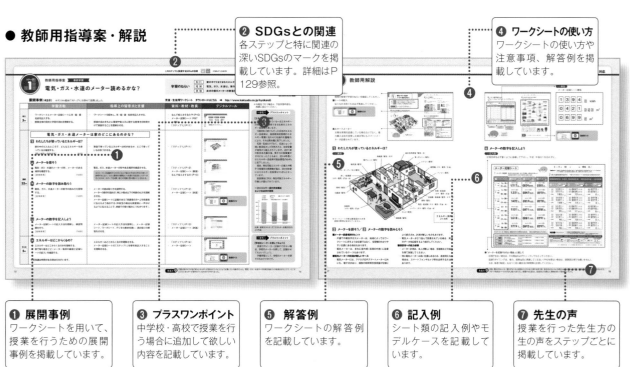

❷ SDGsとの関連
各ステップと特に関連の深いSDGsのマークを掲載しています。詳細はP129参照。

❹ ワークシートの使い方
ワークシートの使い方や注意事項、解答例を掲載しています。

❶ 展開事例	❸ プラスワンポイント	❺ 解答例	❻ 記入例	❼ 先生の声
ワークシートを用いて、授業を行うための展開事例を掲載しています。	中学校・高校で授業を行う場合に追加して欲しい内容を記載しています。	ワークシートの解答例を記載しています。	シート類の記入例やモデルケースを記載しています。	授業を行った先生方の生の声をステップごとに掲載しています。

✖ デジタル教材の使い方

本書に掲載している児童・生徒用ワークシートや各種シート類のダウンロードをはじめ、授業全編ですぐに活用できる「デジタル教材」（詳細はP8参照）を電子データで参照することができます。本書をご購入の方は下記入手方法を確認の上、ご活用ください。なお、児童・生徒用ワークシート類は、すべてコピーして使用いただけます。

■デジタル教材入手方法

下記QRコード（もしくはアドレス）にアクセスしていただき、パスワードを入力すると下記サイトに移行します。適宜必要な内容をダウンロードしていただき、授業でご活用ください。以下のURLまたはタブレット用のQRコードよりアクセスしご覧ください。

URL　http://www.kairyudo.co.jp/kyokara5

---

①児童・生徒用ワークシート

本書掲載の児童・生徒用ワークシート全編をPDFデータでダウンロードできます。

なんで省エネするの？　　P10
ステップ1　　P11～P14
ステップ2　　P19～P22
ステップ3　　P27～P30
ステップ4　　P37～P42（ガス：エコ・クッキング）
　　　　　　　P49～P52（水道：節水実験）
　　　　　　　P57～P60（電気：節電実験）
　　　　　　　P65～P68（全般：省エネ行動トランプ）
ステップ5　　P73～P76
ステップ6　　P81～P82

※シートは白黒印刷に対応しています

②各種シート類

本書掲載の各種シート類をPDFデータでダウンロードできます。

省エネ行動シール　　　　　P9
メーター記録シート　　　　P87～P90
そらたんからの挑戦状　　　P91～P94
新聞作成シート　　　　　　P95～P96
行動プランシート　　　　　P97
省エネ行動トランプ一覧　　P112
省エネ行動トランプ点数計算シート　　P112
上手な食器洗浄方法　　　　P43、56、111
黒板用タイトル

※シートは白黒印刷に対応しています

③デジタル教材

本書の内容全編を学習することができる「デジタル教材」をウェブサイト上で提供しています。本デジタル教材には、スライドショーや動画・アニメーション、操作できるシミュレーションなど、いろいろなコンテンツが搭載されています。

パソコンにダウンロードしてから使うことをお勧めしています。その場合、デジタルツール.htmlというファイルをダブルクリックし、indexより開いてご使用ください。

デジタル教材メニュー　　　　　　　　　　　　学習のねらい　コンテンツ画面1

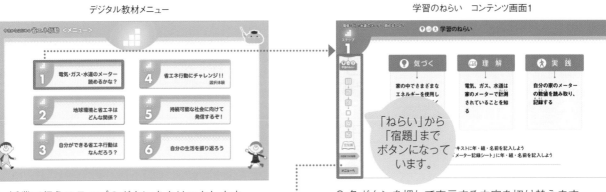

1.授業で行うステップのボタンをクリックします。　2.各ボタンを押して表示する内容を切り替えます。

コンテンツ画面2

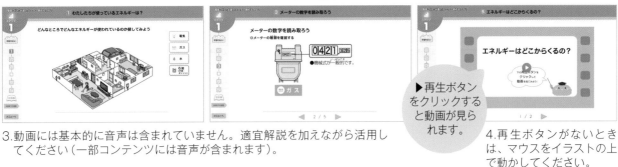

3.動画には基本的に音声は含まれていません。適宜解説を加えながら活用してください（一部コンテンツには音声が含まれます）。

4.再生ボタンがないときは、マウスをイラストの上で動かしてください。

本デジタル教材には各ステップで全てのコンテンツが含まれています。

ステップ1 電気・ガス・水道のメーター読めるかな？
・わたしたちが使っているエネルギーは？
・メーターを探そう
・メーターの数字を読み取ろう
・メーターの数字を記入しよう
・エネルギーはどこからくるの？

ステップ2 地球環境と省エネはどんな関係？
・気候変動が引き起こす問題
・地球温暖化で地球が危ない
・2100年未来の天気予報
・そらたんからの挑戦状が届いたよ
・新聞をつくって、みんなに伝えよう

ステップ3 自分ができる省エネ行動はなんだろう？
・もったいないを探そう
・そらたんからの挑戦状が届いたよ
・地球温暖化を防ぐために

ステップ4 省エネ行動にチャレンジ!!
・選択体験　ガス：エコ・クッキング
・選択体験　水道：節水実験
・選択体験　電気：節電実験
・選択体験　全般：省エネ行動トランプ

ステップ5 持続可能な社会に向けて発信するぞ!
・新聞を発表しよう
・データを見て考えよう
・そらたんからの挑戦状
・これからの住まい

ステップ6 自分の生活を振り返ろう
・まだまだある省エネ行動
・知ってるかな？ SDGs（持続可能な開発目標）
・省エネマスターになれたかな？

※本デジタルツールは、環境省実証事業（P1参照）をもとに作成したため、本書掲載の内容や数値と一部異なります。ご了承の上、内容を適宜確認の上ご活用下さい。

省エネ行動シールをつくろう!!

点線で切り取り、はってはがせるテープやマスキングテープを使って、
それぞれの機器の近くや行動する場所にはってみるたん!

✂ 点線で切りとろう! 【機器の設定による省エネ】

台所の給湯の設定温度を下げる! 	お風呂やシャワーの設定温度を下げる! 	洗濯機をエコ/節水モードにする! 	使わないときは電源プラグを抜く! 
冷蔵庫の設定を中や弱にする! 	テレビの設定を省エネモードに! 	夏は室温28℃、冬は20℃がめやす! 	おまけシール 水はこまめに止める! 

✂ 点線で切りとろう! 【毎日の行動による省エネ】

使っていない場所の照明を消す! 	テレビを見ていないときは消す! 	トイレの大小レバーを使い分ける! 	トイレのふたをする! 
シャワーを使う時間を5分以内に! 	お風呂のふたはこまめに閉める! 	お湯は必要な量だけ沸かす! 	鍋にふたをする! 

なんで省エネするの?!

環境問題と毎日の生活のかかわりに気づき、自分ができること、家族といっしょにできることを見つけて、取り組めるようになることを目指すたん!

最近、夏がとっても暑いよね

友達が熱中症で大変だったよ

異常気象に温暖化……「省エネ」ってよく聞くけど、どうすれば解決するのかな?

こんにちは! ぼくはそらたん!地球の大気の妖精たん!

省エネのことならお任せたん!

省エネは「省エネルギー」のことたん!
電気やガス、水などの資源を使うときに無駄にしないことたん!
たとえば、使っていない機器のスイッチを切るのもそのひとつ、家でも学校でもできることがたくさんあるたん!

OFF

STOP

ぼくたちだけがやっても、何も変わらないんじゃないかな?

みんながそう思っていたら地球は大変なことになるたん!

取り組んだことが「これくらい役に立ってる」ってわかったらいいのに…。少しはやる気が出るかも!

???円　??kg　??%　??%

それなら……「そらたんからの挑戦状」たん!

そらたんからの挑戦状

省エネ行動をして、みんなの家についているメーターではかってみるたん!

電気・ガス・水道の メーター読めるかな?

学習のねらい

💡 **気づく** → 家の中でさまざまなエネルギーを使用していることに気づく

📖 **理解** → 電気、ガス、水道は家のメーターで計測されていることを知る

🚶 **実践** → 自分の家のメーターの数値を読み取り、記録する

⏰ **シートを 記入しよう!** 【5分】
・ワークシートに年・組・番・名前を記入しよう
・「メーター記録シート」に年・組・番・名前を記入しよう

1 わたしたちが使っているエネルギーは?

どんなところで電気、ガス、石油、水を使っているのか考えてみよう。
見つけたところに○をつけよう。

種類

💡 電気　　🔥 ガス　　⬛ 石油（灯油・ガソリン）　　💧 水

使った量はどこでどうやって計測されているのかな?

2　メーターを探<ruby>探<rt>さが</rt></ruby>そう

電気・ガス・水道のメーターがみんなの家のどこにあるのか探してみよう。

一戸建て
<ruby>玄関<rt>げんかん</rt></ruby>横のわかりやすい位置や室内（玄関の内側）に<ruby>設置<rt>せっち</rt></ruby>している場合もあります。

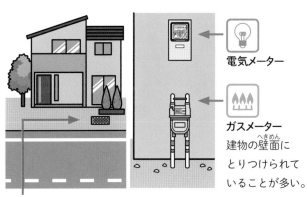

電気メーター

ガスメーター
建物の<ruby>壁面<rt>へきめん</rt></ruby>にとりつけられていることが多い。

水道メーター
道路に近い地面にとりつけられていることが多い。

マンション・アパート
メーターボックスや、建物の入り口付近に、まとめて設置している場合もあります。

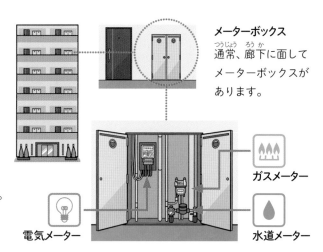

メーターボックス
<ruby>通常<rt>つうじょう</rt></ruby>、<ruby>廊下<rt>ろうか</rt></ruby>に面してメーターボックスがあります。

ガスメーター

水道メーター

電気メーター

3　メーターの数字を読み取ろう

メーターの数字の読み取り方法を<ruby>確認<rt>かくにん</rt></ruby>しよう。

❶メーターの種類を確認する

13945
●電気メーターは、地表上1.8m〜2.2mまでの位置に設置されています。
●主に、機械式メーターとスマートメーターの2種類があります。

電気

0421.323
●<ruby>機械式<rt>いっぱんてき</rt></ruby>が一般的です。

ガス

0699.2
●メーターによっては<ruby>小数点<rt>ひょうじ</rt></ruby>以下の表示がない場合があります。
●機械式が一般的です。

水道

❷メーターの読み取り方法を確認する

機械式メーターの場合

表示されている数値をそのまま読み取ります。
一番右の数字がわかりづらい場合がありますが、数字の面積が広いほうを読み取ります。

この場合は、「0421.325」となります。

スマートメーターの場合

10秒ごとに数字が<ruby>替<rt>か</rt></ruby>わります。
画面右側に矢印が表示されていないとき（大きい方）の数値を読みます。

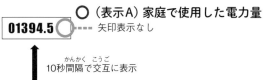

○（表示A）家庭で使用した電力量
01394.5　矢印表示なし

<ruby>間隔<rt>かんかく</rt></ruby>　<ruby>交互<rt>こうご</rt></ruby>に表示
10秒間隔で交互に表示

×（表示B）電力会社が<ruby>購入<rt>こうにゅう</rt></ruby>した電力量など
00020.0←　矢印表示あり

4 メーターの数字を記入しよう

授業のあった日に、家に帰ったら忘れずに計測して記入しよう。はじめの1週間はいつもの通り生活した電気・ガス・水の使用量を、次の週からは授業ごとに省エネに取り組んだ結果どうなるのか確認していくよ。

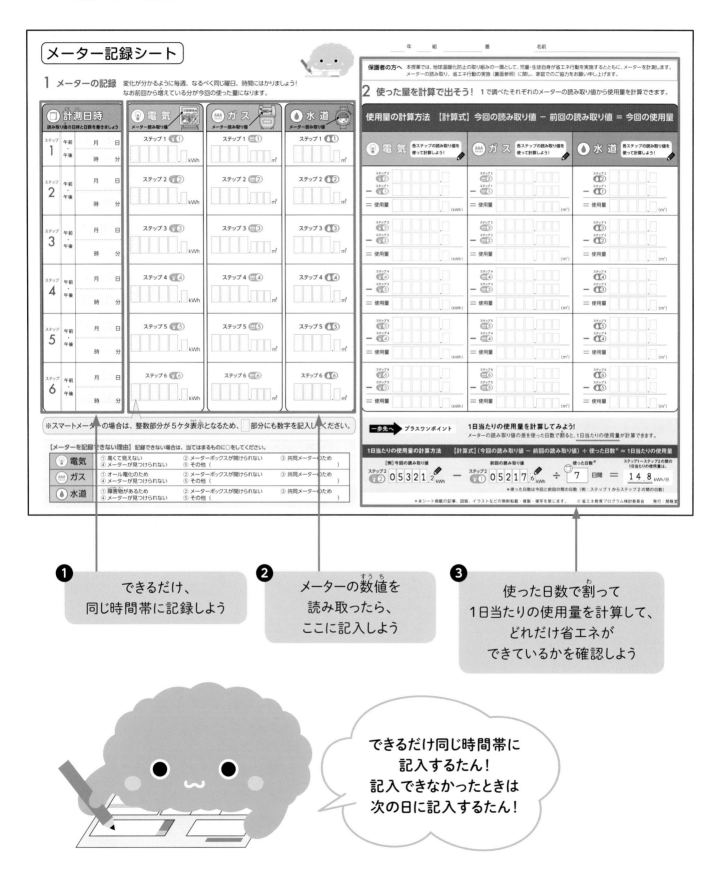

- ❶ できるだけ、同じ時間帯に記録しよう
- ❷ メーターの数値を読み取ったら、ここに記入しよう
- ❸ 使った日数で割って1日当たりの使用量を計算して、どれだけ省エネができているかを確認しよう

できるだけ同じ時間帯に記入するたん！記入できなかったときは次の日に記入するたん！

5 エネルギーはどこからくるの？

エネルギーがどこからくるのか見てみよう。

●エネルギーの種類

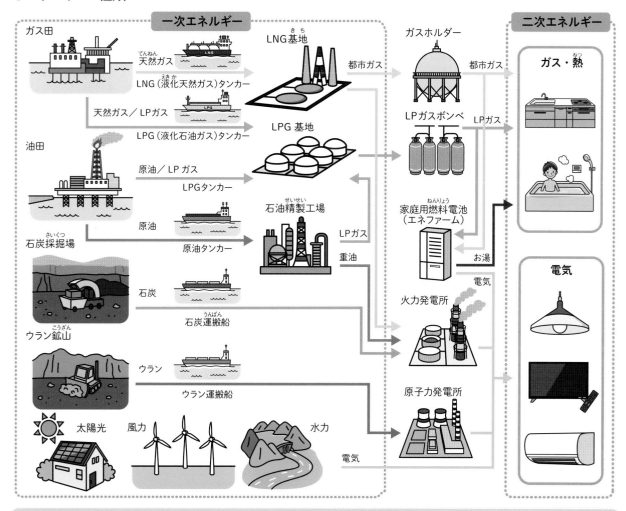

一次エネルギーとは、天然ガスや石油、石炭などの化石燃料、水力・太陽光などの自然エネルギーやウラン（原子力）のこと。二次エネルギーとは、電気や都市ガス、ガソリンなど一次エネルギーから作られたもの。

豆知識　エネルギーってなんだろう

　エネルギーは、石油、石炭、天然ガスなどの化石燃料などを原料に作られているよ。家の中を見わたすと、ガスコンロや照明、エアコンなど、生活に欠かせないものがいっぱいあるね。これらを動かしているのがエネルギーなんだ。わたしたちがご飯を食べて元気になるのと同じだね。

次回までの宿題　・「メーター記録シート」の「ステップ1」を記入（本日）

ステップ**1**

教師用指導案 ▶ 事前学習

電気・ガス・水道のメーター読めるかな?

展開事例（45分） ※デジタル教材「ステップ1」を併せて活用しましょう。

	学習活動	指導上の留意点と支援
導入 5分	・ ワークシートとメーター記録シートに年・組・番・名前を記入する。 ・ 授業全体の目的と学習の流れを理解する。	・ ワークシートを配布し、年・組・番・名前を記入させる。 ・ 授業の流れをもとに環境や省エネに関する授業を6時間かけて実施することを理解させる。

電気・ガス・水道メーターは家のどこにあるのかな?

	学習活動	指導上の留意点と支援
展開 35分	**1 わたしたちが使っているエネルギーは?** ・ 家の中のどんなところで、どんなエネルギーを使っているか確認する。 ［個人検討→全体共有］　　　　　　　（5分）	・ 家庭で使っているエネルギーは何があるか、どこで使っているか気づかせる。
	2 メーターを探そう ・ 電気・ガス・水道のメーターの形、メーターのある場所を確認する。 ［全体共有］　　　　　　　　　　　　（10分）	・ 電気、ガス、水道メーターの形やある場所を確認させる。 なぜメーターの記録を行うのかを「なんで省エネするの」(P10) を使って説明するとよい。ただし最初の1週間はいつも通りの生活をしたデータをとるため、ステップ2以降、省エネ行動に取り組むことを伝える。
	3 メーターの数字を読み取ろう ・ 電気、ガス、水道メーターの数字の読み方を習得する。 ［全体共有］　　　　　　　　　　　　（10分）	・ メーターの読み取り方を説明する。 メーターの数字の読み方、特に小数点以下の判断の仕方を理解させる。 ・ メーター記録シートに記載のある「保護者の方へ」を保護者に伝えるよう指示する（中高生の場合も保護者に一声かけるように伝えることで、家庭での取り組みにつながります）。
	4 メーターの数字を記入しよう ・ メーター記録シートの記入方法を理解し、練習問題を行う。 ［全体共有］　　　　　　　　　　　　（10分）	・ メーター記録シートの記入方法を説明し、メーター記録シート、ワークシート、デジタル教材を使い、読み取りの練習をさせる。
まとめ 5分	**5 エネルギーはどこからくるの?** ・ エネルギーはどこからくるのかを理解する。 ・ 家で取り組むこと（メーター場所の確認と記録シートの記入）を確認する。 ※豆知識は時間がある場合のみ行います。	・ エネルギーはどこからくるのか理解させる。 ・ メーター記録シートの「ステップ1」を帰宅後記入することを理解させる。

ステップ1ワークシート（PDF）

学習のねらい	気づく	家の中でさまざまなエネルギーを使用していることに気づく
	理解	電気、ガス、水道は、家のメーターで計測されていることを知る
	実践	自分の家のメーターの数値を読み取り、記録する

児童・生徒用ワークシート　ダウンロードはこちら　➡　http://www.kairyudo.co.jp/kyokara15

資料・教材・教具	デジタルツール
・ なんで省エネするの?!（P10） ・ メーター記録シート（P87〜90） ・ 「ステップ1」（P11）	
・ 「ステップ1」（P11）	
・ 「ステップ1」（P12） ・ メーター記録シート（裏面） ・ なんで省エネするの（P10）	
・ 「ステップ1」（P12） ・ メーター記録シート（表面）	
	動画約2分
・ 「ステップ1」（P13） ・ メーター記録シート（表面）	
・ 「ステップ1」（P14） ・ メーター記録シート	
	動画約1分

※中高生で行う場合は、下記学習内容も
授業に加えてください。

一歩先へ　プラスワンポイント

【エネルギー自給率】
　国内で消費されている一次エネルギーの内、自国で確保できる比率をエネルギー自給率と言います。
　1960年に58.1％だった日本のエネルギー自給率は、高度経済成長期のエネルギー需要に合わせた石油の大量輸入により、それ以降大幅に低下しました。
　石炭・石油だけでなく、石油ショック後に普及拡大した天然ガスは、ほぼ全量が海外から輸入されています。2011年の東日本大震災後、原子力の発電量がゼロになったこともあり、2014年度にはエネルギー自給率が過去最低の6.4％に低下しました。
　現在、再生可能エネルギーの導入や原子力発電所の再稼動が進み、2018年度にはエネルギー自給率は11.8％となっています。
　脱炭素化に向け、再生可能エネルギーの導入が進んできています。

一次エネルギー国内供給構成および自給率の推移

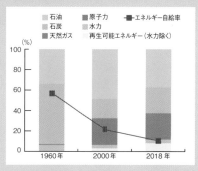

出典：資源エネルギー庁『エネルギー白書2020』より作成

一歩先へ　プラスワンポイント

【学校のメーターを探してみよう】
　家庭でのメーター記録ができない場合、学校のメーターを探して、記録させてもよいでしょう。
　予備学習として、学校のメーターを探すのもおすすめです。

先生の声 児童は家の中でさまざまなエネルギーが使われていることにとても驚いている様子だった。電気・ガス・水道マークの掲示物をつくり発表させたことで、どこでどんなエネルギーが使われているか分かりやすくなった。

教師用解説

■学習のねらい
授業の冒頭で学習のねらいを確認してください。

■シートの記入
記入もれを防ぐため必ず実施してください。

動画約2分

■スマートメーター
太陽光発電を設置している場合だけでなく、電力購入会社を変更した場合等にもスマートメーターが設置されています。

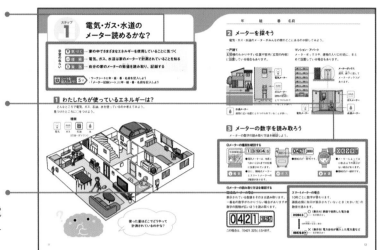

1 わたしたちが使っているエネルギーは?

☞解答

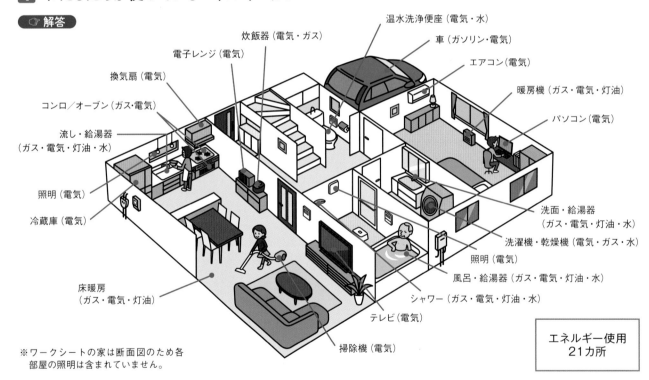

温水洗浄便座（電気・水）

車（ガソリン・電気）

炊飯器（電気・ガス）

エアコン（電気）

電子レンジ（電気）

暖房機（ガス・電気・灯油）

換気扇（電気）

パソコン（電気）

コンロ／オーブン（ガス・電気）

流し・給湯器
（ガス・電気・灯油・水）

照明（電気）

洗面・給湯器
（ガス・電気・灯油・水）

冷蔵庫（電気）

洗濯機・乾燥機（電気・ガス・水）

照明（電気）

風呂・給湯器（ガス・電気・灯油・水）

床暖房
（ガス・電気・灯油）

シャワー（ガス・電気・灯油・水）

テレビ（電気）

掃除機（電気）

※ワークシートの家は断面図のため各部屋の照明は含まれていません。

エネルギー使用
21カ所

2 メーターを探そう／ 3 メーターの数字を読みとろう

■メーター設置場所のヒント
・戸建ての電気やガスメーターは、地域によってはワークシートに示すような位置ではなく、玄関横のわかりやすい位置にある場合もあります。
・電気メーターは、まれに室内側（玄関の内側）に設置されているケースもあります。

■電気メーターの計測が難しいケース
・電気メーターには、アナログ式やスマートメーター以外にも、電子式があり、複数の時間帯別使用量が切替により表示され、計測が難しいものもあります。
・電気メーターが2つ並んで設置されている場合、両方のデータを記録するよう指示してください。

■保護者への協力依頼
・メーター計測は、本人が難しい場合、保護者などの協力を得て実施してください。
・特に電気メーターは高い位置にあるため、直接見えない場合は、スマートフォンやカメラ等を活用する方法もあります。

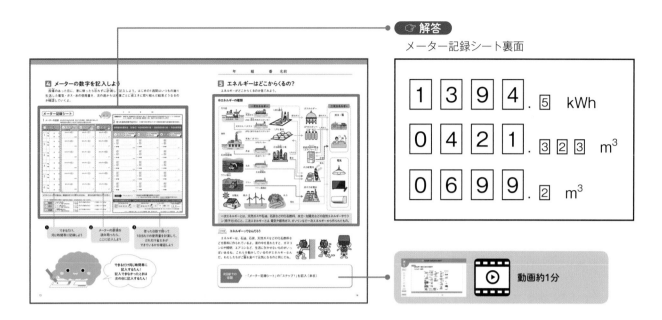

☞ **解答**

メーター記録シート裏面

$$1 \; 3 \; 9 \; 4 \;.\;\boxed{5}\; \text{kWh}$$

$$0 \; 4 \; 2 \; 1 \;.\;\boxed{3}\boxed{2}\boxed{3}\; \text{m}^3$$

$$0 \; 6 \; 9 \; 9 \;.\;\boxed{2}\; \text{m}^3$$

▶ 動画約1分

4 メーターの数字を記入しよう

☞ **記入例**

計測日時を必ず書くように指導して下さい。午前・午後の○も忘れずに。

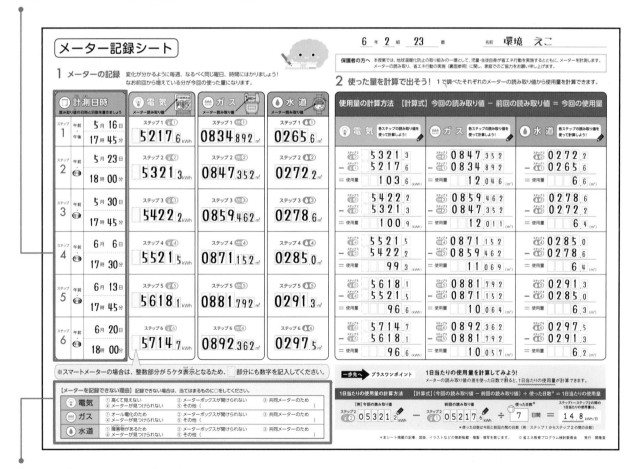

■「メーターを記録できない理由」に関して

・計測できない場合は、その理由を必ずチェックしてもらってください。

・記録のタイミングは、極力、授業当日に実施してください（やむを得ない場合は、授業翌日等でも構いません）。
　なお、毎週（毎回）、なるべく同じ曜日及び時間帯に計測してください。

先生の 声　日頃、関心のないこと、誰かがメーターを読みとっていること等にも気づき、多方向からいろいろ考えられると思う。ただし、普段、あまり見ていないものなので、スタート地点はハードルが少し高いと思った。授業がはじまると、生徒はとても熱心に興味を持って取り組んでいた。

地球環境と省エネは
どんな関係?

学習のねらい

💡 **気づく** → さまざまな地球環境問題が起きていることに気づく

📖 **理解** → 機器の設定を変えることで省エネにつながることを理解する

🚶 **実践** → 自分たちの生活の中でできることに取り組む

⏰ シートを記入しよう！　**5分** ・「メーター記録シート」の「ステップ1」の記入もれがないかどうか確認しよう
・「そらたんからの挑戦状」に年・組・名前を記入し、「ステップ2」を記入しよう

1 気候変動が引き起こす問題

　地球温暖化が進むと、世界では様々な問題が起きているよ。写真を見て考えてみよう。みんなの住む地域ではどんな問題が起きているかな？

沖縄県白化したサンゴ※1

バングラディシュの洪水※2

アンデスから崩落する氷河※3

山火事による森林破壊※4

高温によるリンゴの着色障害※5　　餓死寸前のホッキョクグマ※6

資料提供：全国地球温暖化防止活動推進センター、日経ナショナル ジオグラフィック社

（※写真 1.Kyoko KAWASAKA、2.Aki Soeda、3.栗林浩、4.一般社団法人地球温暖化防止全国ネット、5.農研機構 果樹研究所 杉浦俊彦、6.日経ナショナル ジオグラフィック

2 地球温暖化で地球が危ない

　地球温暖化の大きな原因は、石油、石炭、天然ガスなどの化石燃料などを燃やすときに出てしまう二酸化炭素（CO2）が増えすぎたせいだと言われているよ。

❸ そらたんからの挑戦状がとどいたよ
〜機器の設定でできること〜

今日家に帰ったら、家の人といっしょに8個の機器の設定に取り組もう。これだけで1年間で364kgのCO_2が減らせて18,900円も節約できるんだって!!

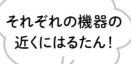

それぞれの機器の近くにはるたん！

1. 台所の給湯の設定温度を下げる！

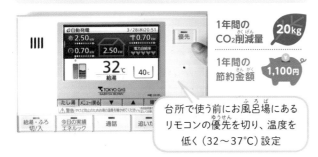

1年間のCO₂削減量 **20kg**
1年間の節約金額 **1,100円**

台所で使う前にお風呂場にあるリモコンの優先を切り、温度を低く（32〜37℃）設定

2. お風呂の設定温度を下げる！

1年間のCO₂削減量 **29kg**
1年間の節約金額 **1,600円**

お風呂のリモコンで湯船の温度を40℃に設定

3. シャワーの設定温度を下げる！

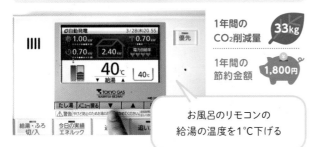

1年間のCO₂削減量 **33kg**
1年間の節約金額 **1,800円**

お風呂のリモコンの給湯の温度を1℃下げる

4. 洗濯機をエコ／節水モードにする！

1年間のCO₂削減量 **4kg**
1年間の節約金額 **2,100円**

エコ／節水モードがない場合には、洗濯時間を短く、すすぎ回数を1回に変更

5. 使わないときは電源プラグを抜く！

1年間のCO₂削減量 **73kg**
1年間の節約金額 **3,000円**

家中のコンセントを見直し、プラグを抜けるものを整理する

6. 冷蔵庫の設定を中や弱にする！

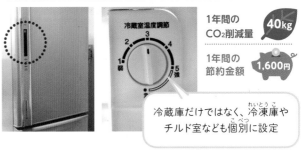

1年間のCO₂削減量 **40kg**
1年間の節約金額 **1,600円**

冷蔵庫だけではなく、冷凍庫やチルド室なども個別に設定

7. テレビの設定を省エネモードに！

1年間のCO₂削減量 **18kg**
1年間の節約金額 **700円**

省エネモードがない場合は、明るさの設定を暗くする

8. 夏は室温28℃、冬は20℃がめやす！

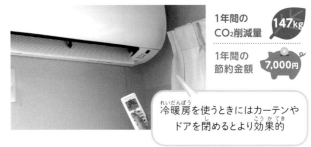

1年間のCO₂削減量 **147kg**
1年間の節約金額 **7,000円**

冷暖房を使うときにはカーテンやドアを閉めるとより効果的

※1年間のCO₂削減量、節約金額は4人家族の場合のめやすです。　出典：東京ガス株式会社「ウルトラ省エネブック」（2021年1月）より作成

4 新聞をつくって、みんなに伝えよう

地球温暖化の原因やそのしくみ、どんな問題が起きているのか、どうして省エネが大切なのか、自分で調べて新聞にまとめてみよう。

❹ 第1テーマ（1段目、2段目）に地球温暖化によって起こる問題や、省エネルギーの必要性など、1つのテーマを決め具体的に書く

❸ タイトルをしっかり書く

最初にポイントを書き出す

グラフやイラスト、写真を使うとわかりやすい

❶ 新聞の名前を決める

❷ 発行者と日付を記入する

伝えたいことは何か

見出しは大切

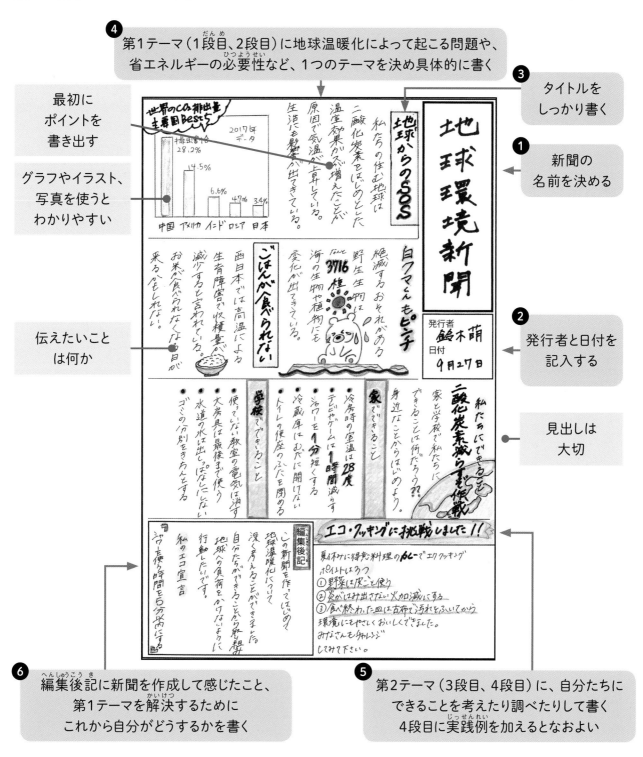

❻ 編集後記に新聞を作成して感じたこと、第1テーマを解決するためにこれから自分がどうするかを書く

❺ 第2テーマ（3段目、4段目）に、自分たちにできることを考えたり調べたりして書く　4段目に実践例を加えるとなおよい

次回までの宿題
・「メーター記録シート」の「ステップ2」を記入（本日）
・「そらたんからの挑戦状」1〜8項目にチャレンジ（次回授業まで）
・新聞作成に取り組む（ステップ5の授業まで）

地球環境と省エネはどんな関係？

展開事例（45分）　※デジタル教材「ステップ2」を併せて活用しましょう。

	学習活動	指導上の留意点と支援
導入 5分	・ メーター記録シートの記録を確認する。 ・ そらたんからの挑戦状に年・組・番・名前を記入し、「ステップ2」を回答する。 ・ 本授業の流れを理解する。	・ メーター記録シートが記入できているかペアで確認させる。 ・ そらたんからの挑戦状に年・組・番・名前を記入させる。 ・ そらたんからの挑戦状「ステップ2」を記入させる。分からないものは家の人に聞くように伝え、次回までに記入させる。 ・ 学習の流れを説明する。
展開 35分	**地球環境問題と省エネルギーはどんな関係があるのかな？** **1　気候変動が引き起こす問題** ・ 地球温暖化問題を理解するため、自然への影響や暮らしへの被害を写真から読み取る。 【個人検討→全体共有】　　　　　　　（5分） **2　地球温暖化で地球が危ない** ・ 地球温暖化の原因を理解する。 【全体共有】　　　　　　　　　　　　（5分） **3　そらたんからの挑戦状がとどいたよ** 　〜機器の設定でできること〜 ・ 省エネの仕組みや省エネ行動の効果を理解し、自分たちにできる省エネ行動がたくさんあることを知る。 ・ 省エネ行動シールの使い方を確認する。 ・ 省エネ行動シールを活用し家で取り組むことを確認する。 【個人検討→全体共有】　　　　　　　（10分） **4　新聞をつくって、みんなに伝えよう**※ ・ 新聞の作り方や調べ学習の方法を確認し、新聞のタイトルや調べる内容について考える。 【全体共有→個人検討】　　　　　　　（15分）	・ 地球温暖化の影響は世界各国で見られ深刻な問題であることに気づかせる。 　異常気象などの身近な問題を伝え自分事としてとらえられるようにする。 ・ 地球温暖化は人間の暮らしが原因だということを説明する。時間に応じて環境省「2100年未来の天気予報」を見せる。（デジタル教材に収録） ・ なぜその行動が省エネにつながるのかを理解させ、その効果を確認させる。 　そらたんからの挑戦状をどうしたら続けることができるか考える。 ・ 省エネ行動シール（機器の設定による省エネ）を配布し、使い方を伝える。 ・ 新聞の作り方や調べ学習の方法を説明する。新聞を書くことにより、地球環境問題が身近な問題であると気づかせる。 2段組の新聞の場合…第1テーマ（1段目）に地球温暖化によって起こる問題や、省エネルギーの必要性など、1つのテーマを決め具体的に書く。第2テーマ（2段目）に、詳しく調べたことや、自分たちにできることなどを書く。実践例を加えるとなおよい。
まとめ 5分	・ 次回までの宿題を確認する。	・ メーター記録シート「ステップ2」の記入を指示する。 ・ そらたんからの挑戦状に取り組むよう声をかける。

学習のねらい	気づく	さまざまな地球環境問題が起きていることに気づく
	理解	機器の設定を変えることで省エネにつながることを理解する
	実践	自分たちの生活の中でできることに取り組む

ステップ2ワークシート（PDF）

児童・生徒用ワークシート　ダウンロードはこちら　➡　http://www.kairyudo.co.jp/kyokara23

資料・教材・教具	デジタルツール
・ メーター記録シート（P87〜90） ・ そらたんからの挑戦状（P91〜94） ・ 「ステップ2」（P19）	
・ 「ステップ2」（P19）	
・ 「ステップ2」（P20）	動画約3分
・ 「ステップ2」（P21） ・ 省エネ行動シール（P9）〜機器の設定でできること〜（緑色のシール） ・ そらたんからの挑戦状（P91〜94）	動画約2分
・ 「ステップ2」（P22） ・ 新聞作成シート（P95〜96）	
・ 「ステップ2」（P22）	

※中高生で行う場合は、下記学習内容も授業に加えてください。

一歩先へ　プラスワンポイント

【地球温暖化のしくみ】

　家庭から出る二酸化炭素（CO_2）は、日本全体が出しているCO_2の1/5。

　わたしたちが、エネルギーを使えば使うほどCO_2が発生し、地球温暖化が進んでしまいます。

　地球温暖化のしくみが説明できるようにしましょう。

●温室効果ガスが適度にある場合

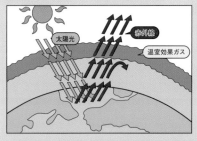

　地表から放射される赤外線（熱）を温室効果ガスが吸収することにより、地表の温度が適度に保たれています。

●温室効果ガス（CO_2など）が増えると

　温室効果ガスが増えると赤外線の吸収量が増え、地球の温度が上昇します。

先生の声 気候変動が引き起こす問題について知り、衝撃を受けていた。その後、「このままだとお米が食べられなくなる」など、具体的な将来の姿を提示し、省エネ行動の大切さを伝えている様子が見られた。地球温暖化を止めるためにできることを話し合う時間をとれるとよりよいと思う。

教師用解説

■人間が増えているよ

　世界的に見ると人口は産業革命以降急激に増加しており、それに伴いエネルギー・水および食糧不足が懸念されています。

■2100年未来の天気予報

  動画約3分

❶ 気候変動が引き起こす問題

水の問題	自然への影響	暮らしへの被害
●**海面が上昇する** 　地球温暖化によって海水があたたまることによる体積の膨張や氷河などの融解により過去100年で世界の平均海水面は19センチ上昇しました。国によっては、国土全体が海に沈んでしまう危険も増大しています。 ●**暮らしのための水がなくなる** 　干ばつによる水源の枯渇、洪水による水源の汚染などにより多くの人々が、生活するための水を得にくくなります。特に、乾燥した地域に住む人々や、氷河や雪に生活用水を頼っている人々は、その被害を受けやすくなります。 ●**洪水が起きる** 　山岳地域では、氷河が溶けることによって氷河湖ができ、それが決壊することで、大規模な洪水が起こりやすくなります。 ●**水害が増える** 　嵐や大雨などの異常気象が増えるため、沿岸地域では洪水や浸水の被害がひどくなります。特に人口が集中する都市部では、極端な降水や洪水、地滑りなど、私たちの生活にリスクをもたらします。	●**生きものたちが消えてゆく** 　環境省の2020年版「レッドリスト（絶滅のおそれのある種のリスト）」によると、地球温暖化が原因の一つとなって絶滅の危機に瀕している日本に生息する野生生物は、3,716種にのぼります。 ●**生態系が変化する** 　生育に適した気温や降水量のある地域に育つ植物は、気温や降水量が変化すると、生育地域を変えざるを得なくなります。また、それに伴い、植物に依存して生きる動物も、生息域を変えなくてはならなくなり、変化に対応できない可能性があります。 　さらに、海水温の上昇は、海の生物にも影響を及ぼします。特にサンゴは水温の変化に弱く、地域的に死滅する可能性が指摘されています。 ●**森林火災が増える** 　乾燥化が進む地域では森林火災が増え、野生生物の生息地が広く失われるおそれがあります。 ●**湿地の自然がなくなる** 　主に海面の水位が上昇することにより、湿原や干潟の塩分濃度が上昇し、世界各地の湿地が大幅に減少するとみられています。	●**農業への打撃** 　気温や雨の降り方が変わると、農作物の種類やその生産方法を変える必要がでてきます。特に経済力の無い小さな規模の農家はこれらの変化に対応するのが難しいため、生産性が下がる可能性があります。乾燥地域においては、土壌水分が減少することで、干ばつに見舞われる農地が増加する可能性が高いとされています。 ●**病気や飢餓が広がる** 　病気にかかる人や、飢餓状態に陥る地域が増える可能性があります。特に食料の生産性が下がるアフリカ地域で影響がひどくなると予想されます。また、伝染病を媒介する生物の分布域が変わることで、免疫をもたない人々に病気が広がり、被害が拡大するおそれがあります。 ●**異常気象が襲ってくる** 　異常気象による熱波・洪水・干ばつ・森林火災などの自然災害が頻繁に起こり、被害を受ける人が増えると考えられています。自然災害の規模も大きくなり、被害が拡大すると予測されています。

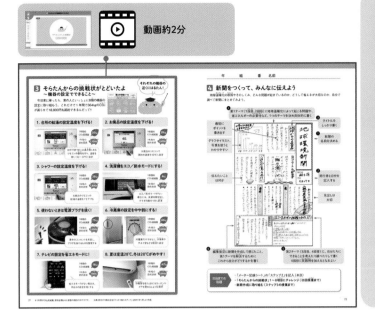

動画約2分

■調べ学習時の注意事項
1. 情報はだれがつくったものか確かめる
   ＨＰ管理者などの表示があるか確かめる。公的機関が運営するものや、公式ＨＰであることが望ましい。
2. いつの情報か確かめる
   新しい発見や、社会的に大きな変化があった場合、情報も大きく変わる。統計の数値は、いつの時点でのデータかが重要となる。
3. まとめるときには、出典を明らかにする
   （サイト名とＵＲＬ、ＨＰの管理者など）
   勝手に使うと「盗用」「盗作」になってしまうので注意する。

※検索する際には…
・ キーワードは短く、単語で。
・ 検索結果が多すぎたら、単語を複数入れ絞り込む。
・ 欲しい情報が出てこなかったら、類義語や関連語をキーワードにして検索してみる。

2 そらたんからの挑戦状がとどいたよ　〜機器の設定でできること〜

■そらたんからの挑戦状に関する注意事項 *1

●省エネ行動1：台所の給湯の設定温度を下げる！

「優先を切る」とは、お風呂場のリモコンにのみついている優先ボタンを切ることを意味します。

通常、お風呂のお湯の設定が優先（急に冷たい水や湯が出ないようにするため）のため、台所で使うときには。まずお風呂場で優先を切ってからでないと台所でのお湯の温度設定ができず、お風呂場で設定した熱いお湯が出てきます。児童によく観察するように促してください。

テキストでは給湯器のリモコンを表示していますが、家庭によっては瞬間型湯沸かし器などを使用している場合もありますので、指導の際にはご留意ください。

●省エネ行動1〜3：給湯温度の設定に関して *2

混合水栓（蛇口部分で水と混合して好みのお湯の温度に調節する蛇口）で給湯器のお湯と水を混ぜて使用している場合には、手元で出すお湯の温度が同じであれば、同じ量のお湯をお使いの場合、給湯器の設定温度を下げても節約にはなりません。

ただし、温度が高いまま使用することが多くなるため、給湯器の設定温度以上の温度は出ないように設定することで、無駄を防ぐことにつながります。

なお、給湯を単水栓（水と混合しない蛇口）でお使いの場合は、設定温度を下げるとその分使用するお湯の温度が下がるため、省エネになります。

●省エネ行動4：洗濯機をエコ／節水モードにする！

ワークシートにも記載していますが、家庭によってはエコ／節水モードがない場合もあります。その場合、汚れの少ないものは洗濯時間を短くしたり、すすぎ回数を1回にする工夫をお伝えください。最近ではすすぎが1回でよい洗剤などの開発が進んでいます。

●省エネ行動5：使わないときは電源プラグを抜く！

ここでは、世帯当たりの平均待機時消費電力量228kWhの内、使わないときにプラグを抜いた場合49％削減（出典はワークシートP60参照）をもとに試算しています。時計機能やタイマー機能があるものや、注意喚起があるものは抜かないようにしてください。

●省エネ行動6：冷蔵庫の設定を中や弱にする！

ワークシートでは、冷蔵庫の庫内に温度設定ができるつまみがある事例を掲載していますが、最近の冷蔵庫では、冷蔵庫の扉に設定が表示されるものが主流になっています。また、冷蔵庫に入っている食材の量に応じて設定温度を適温（省エネ）に保ってくれる機種もあります。自動制御で省エネになる場合には実践しているを選択させてください。

●省エネ行動7：テレビの設定を省エネモードに！

ワークシートでは、リモコンに省エネモードがついているものを紹介していますが、省エネモードのないものやリモコンには表示がないものもあります。その場合、テレビ本体（テレビのふちや裏）で明るさが設定できる場合がありますので、確認するようにご指導ください。

●省エネ行動8：夏は室温28℃、冬は20℃がめやす！

ワークシートでは、夏と冬、年間を通して実施できた場合の節約金額を掲載しています。授業実施が中間期（春・秋）の場合には、考え方を理解するようにご指導ください。

*1　1年間のCO₂削減量、節約金額は4人家族の場合のめやすです。家族人数に応じて異なります。

*2　お風呂等水まわりの省エネ行動に関して、省エネ行動シール（P9）を貼る際には、リモコンやドアの扉など水がかかりにくい場所を選ぶようご指導ください。

先生の声　地球温暖化の引き起こす問題について、真剣に考えていこうと思わせることができた。地球温暖化が引き起こす衝撃的な写真は、もっと知りたいと思う生徒が多く、新聞づくりのため、関連ニュースを検索し、さらに深く学ぶ姿があった。新聞づくりにスムーズに取り組めた。

26

自分ができる省エネ行動はなんだろう?

学習のねらい

💡 気づく → 自分のもったいないエネルギーの使い方に気づく

📖 理解 → 省エネルギーの仕組みや方法を理解する

🚶 実践 → 家庭や学校で省エネ行動に取り組む

⏰ シートを記入しよう! 5分
・「メーター記録シート」の「ステップ2」の記入もれがないかどうか確認しよう
・「そらたんからの挑戦状」の「ステップ3」を記入しよう

1 もったいないを探そう

次の絵の中にもったいない行動はないかな? もったいないと思うところに○をつけて、自分の暮らしと比べて、エコな暮らしについて話し合ってみよう。

いくつ見つけられたかな?

2 そらたんからの挑戦状がとどいたよ
～毎日の行動でできること～

今日からは、毎日の行動でできること8項目に取り組もう。なんと、これだけで1年間で229kgのCO_2削減、12,500円の節約になるんだって!!

それぞれの行動をする場所にはるたん!

9. 使っていない場所の照明を消す!

1年間のCO_2削減量 **16kg**
1年間の節約金額 **600円**

さらに明るさが調節できる場合は一段下げる

10. テレビを見ていないときは消す!

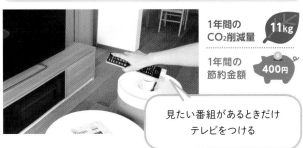

1年間のCO_2削減量 **11kg**
1年間の節約金額 **400円**

見たい番組があるときだけテレビをつける

11. トイレの大小レバーを使い分ける!

1年間のCO_2削減量 **3kg**
1年間の節約金額 **1,600円**

メーカーごと大小の向きが違うので確認しよう

12. トイレのふたをする!

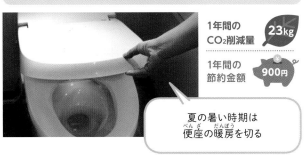

1年間のCO_2削減量 **23kg**
1年間の節約金額 **900円**

夏の暑い時期は便座の暖房を切る

13. シャワーを使う時間を5分以内に!

1年間のCO_2削減量 **67kg**
1年間の節約金額 **4,500円**

シャワーを使っている時間を知り、シャワーはこまめに止める

14. お風呂のふたはこまめに閉める!

1年間のCO_2削減量 **45kg**
1年間の節約金額 **2,400円**

お湯を沸かすときと入浴後はふたをする

15. お湯は必要な量だけ沸かす!

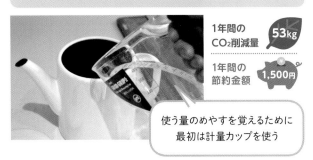

1年間のCO_2削減量 **53kg**
1年間の節約金額 **1,500円**

使う量のめやすを覚えるために最初は計量カップを使う

16. 鍋にふたをする!

1年間のCO_2削減量 **11kg**
1年間の節約金額 **600円**

煮物などの料理には、落しぶたをするとさらに省エネ

※1年間のCO_2削減量、節約金額は4人家族の場合のめやすです。　出典:東京ガス株式会社「ウルトラ省エネブック」(2021年1月)より作成

3 地球温暖化を防ぐために

日本は、地球温暖化防止のために、2030年度までに2013年度と比べて、家庭からのCO_2排出量を約40％削減することを目標としています。

●世帯当たりの二酸化炭素排出量用途別内訳
（2018年度）

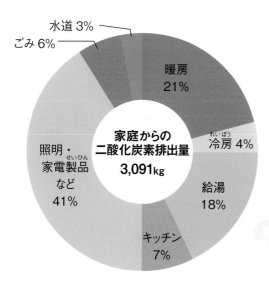

- 水道 3％
- ごみ 6％
- 暖房 21％
- 冷房 4％
- 給湯 18％
- キッチン 7％
- 照明・家電製品など 41％

家庭からの二酸化炭素排出量
3,091kg

出典：温室効果ガスインベントリオフィスより作成

家庭からのCO_2を約40％減らすということは？

そらたんからの挑戦状で削減できる量は？

豆知識 **限られたエネルギー資源**

石油や石炭、天然ガスなどの化石燃料は大昔の植物や動物の死がいが積もって、長い年月をかけてつくられたものです。

こうやって長い年月をかけてつくられた化石燃料は、使い切ってしまうと人間の力では二度と作ることはできません。使い方を工夫する必要があります。

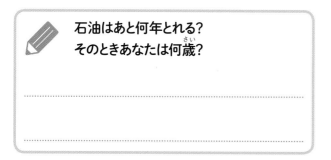

石油はあと何年とれる？
そのときあなたは何歳？

●世界のエネルギー資源可採年数※（2018年）

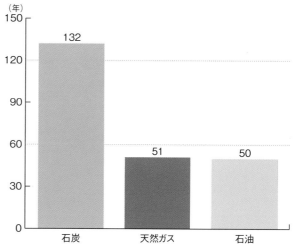

（年）

	石炭	天然ガス	石油
	132	51	50

出典：資源エネルギー庁「エネルギー白書2020」より作成
※現在資源を掘り出すことができると考えられている年数

次回までの宿題

- ・「メーター記録シート」の「ステップ3」を記入（本日）
- ・「そらたんからの挑戦状」9～16項目にチャレンジ（次回授業まで）
- ・新聞作成に取り組む（ステップ5の授業まで）
- ・選択体験（ガス／水道）の人は、古布（10×10cm）を2枚持参（次回授業まで）

30

自分ができる省エネ行動はなんだろう？

展開事例 (45分) ※デジタル教材「ステップ3」を併せて活用しましょう。

	学習活動	指導上の留意点と支援
導入 **5分**	・ メーター記録シートの記録を確認する。 ・ そらたんからの挑戦状を記入する。 ・ 授業の流れを理解する。	・ メーター記録シートが記入できているかペアで確認させる。 ・ そらたんからの挑戦状の「ステップ3」を記入させる。 ・ 学習の流れを説明する。
展開 **35分**	**自分ができる省エネ行動ってなんだろう？** **1 もったいないを探そう** ・ 自分の生活を思い出しながら、省エネ行動とそうではない行動の違いに気づく。 [グループ検討→全体共有]　　　　　　(15分) **2 そらたんからの挑戦状がとどいたよ** **〜毎日の行動でできること〜** ・ 省エネの仕組みや省エネ行動効果を理解し、自分たちにできる省エネ行動がたくさんあることを知る。 ・ 省エネ行動シールを活用し、家で取り組むことを確認する。 [全体共有]　　　　　　　　　　　　(10分) **3 地球温暖化を防ぐために** ・ 地球温暖化を防ぐために一人ひとりができることを考える。 [個人検討→全体共有]　　　　　　　　(10分)	・ 省エネ行動とそうではない行動の違いに気づかせる。 ・ 話し合いが終わったグループはそらたんからの挑戦状（裏面）で答え合わせをさせる。 ・ 省エネ行動の大切さに気付き家庭で実践するよう促す。データ計測と自分たちの行動が連動することを想起させる。 ・ 省エネ行動シール（毎日の行動による省エネ）を配布し、省エネ行動の内容と効果を確認する。 ・ 省エネ行動シールの使い方を復習し、そらたんからの挑戦状に取り組むよう声をかける。 ・ 地球の問題を自分の問題としてとらえられるよう留意する。
まとめ **5分**	・ 次回までの宿題を確認する。 ・ 次週の体験学習内容に関し、持ち物を確認する。 ・ 新聞作成課題が進んでいるか確認する。 ※豆知識は時間がある場合のみ行います。	・ メーター記録シート「ステップ3」の記入を指示する。 ・ そらたんからの挑戦状に取り組むよう声をかける。 ・ 次週の体験内容に応じて持ち物の確認をする。（選択体験（ガス・水道）の人は、古布（10×10cm）を2枚持参させる） ・ 新聞作成課題に取り組むように指示する。

「省エネ行動トランプ」がある場合には、トランプ1〜10までのカード40枚をつかってどちらが省エネの対戦ゲームをさせてよいでしょう。

一歩先へ ▶ プラスワンポイント

「どっちが省エネ？」ゲーム
省エネ行動トランプを使ってゲームをしながら省エネ行動を確認して、最強カードを決めよう！

使うカード：JOKER（ジョーカー）とK（キング）、Q（クイーン）、J（ジャック）を除いた40枚

学習のねらい	気づく	自分のもったいないエネルギーの使い方に気づく
	理 解	省エネルギーの仕組みや方法を理解する
	実 践	家庭や学校で省エネ行動に取り組む

ステップ3ワークシート（PDF）

児童・生徒用ワークシート　ダウンロードはこちら　➡　http://www.kairyudo.co.jp/kyokara31

資料・教材・教具	デジタルツール
・　メーター記録シート（P87〜90） ・　そらたんからの挑戦状（P91〜94） ・　「ステップ3」（P27）	
・　「ステップ3」（P27〜28） ・　そらたんからの挑戦状（裏面）	
・　「ステップ3」（P29） ・　そらたんからの挑戦状（P91〜94） ・　省エネ行動シール（P9） 　〜毎日の行動による省エネ〜 　（青色のシール）	動画約2分
・　「ステップ3」（P30）	
・　「ステップ3」（P30） ・　「ステップ4」（次週行う体験学習のページ：P37〜42、49〜52、57〜60、65〜68）	

※中高生で行う場合は、下記学習内容も授業に加えてください。

一歩先へ　　プラスワンポイント

【機器の省エネ化と保有数の増大】
　機器の省エネ化が進む一方で家庭でのエネルギー消費量が増えているのはなぜだろうか。
　下図の通り、家庭ごとの家電製品の保有台数が年々増えてきていることが確認できる。冷蔵庫は一世帯に一台だが、テレビやエアコンは各部屋に一台になってきている。また、保有する家電製品の種類も増えてきている。

●家庭の家電製品世帯あたり保有数

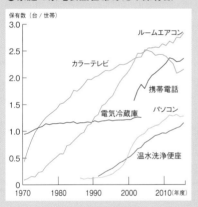

出典：内閣府「消費動向調査年報」より作成

❶省エネ行動トランプを1人1枚配る。その場で立つ。　❷列（または班）ごとに隣の人と「せーの」のかけ声で同時にカードを出し、「省エネ行動」と「節約金額💰」を読み上げる。金額が大きい人が勝ち。負けた人はすわる。　❸勝った人は、再び前後の人と「せーの」のかけ声で同時にカードを出し、列（または班）ごとに勝った人を決める。　❹列（または班）の代表は前に出て、最終決戦をする。　❺節約金額が高い最強カードを決定する。

先生の 声　学んだ省エネ行動を整理しながら，省エネ行動トランプを活用し，その行動を続けるとどのくらいのメリットがあるのか確認できた。活動的な学習で，数字で競うようにしてゲームが楽しめて良かった。児童たちは節約金額に驚き，もっと他にないかと考え始めていたのがよかった。

教師用解説

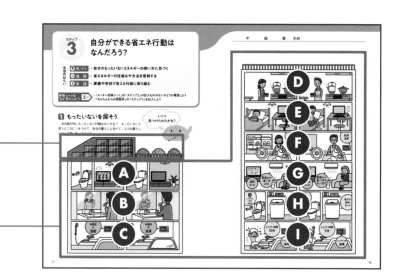

■太陽光パネルと屋上緑化

　下記の他、太陽光発電機器を設置していたり、屋上緑化したりすることも省エネに該当します。

■もったいない箇所

　20カ所ありますので探すよう促して下さい。

1 もったいないを探そう

部屋		△改善の余地あり（左）	○省エネ行動（右）	「そらたんからの挑戦状」対応番号
A	トイレ	トイレのふたが開いている	トイレのふたが閉まっている	12
	リビング	人がいないのにテレビ・照明がついている	人がいない時はテレビ・照明を消している	9,10
		照明が白熱電球	照明がLED照明	―
B	洗面所	水を流したまま歯磨きをしている	歯磨き中に水が止めてある（コップ使用）	―
C	浴室	お風呂の温度が43℃（高温）	お風呂の温度が40℃（適温）	2
		浴槽のふたを閉めていない	浴槽のふたを閉めている	14
D	台所	お湯を必要以上に沸かしている	お湯は必要な量だけ沸かしている	15
		鍋にふたをしていない	鍋にふたをしている	16
E	こども部屋	寝ているのに照明がついている	―	9
		パソコン未使用時に電源プラグを入れている	パソコン未使用時に電源プラグが抜いてある	5
F	台所	冷蔵庫の温度設定が「強」	冷蔵庫の温度設定が「弱」	6
		冷蔵庫の扉が開けっ放し	冷蔵庫の扉が閉まっている	―
		給湯温度が40℃	給湯温度が32℃	1
G	リビング	テレビの設定が通常モード	テレビの設定が省エネモード	7
		室温が冷房・暖房時とも24℃	室温が冷房時28℃、暖房時20℃	8
H	トイレ	水を流す時にいつでも「大」で流している	水を流す時に「大・小」を使い分けている	11
	洗面所	洗濯機を通常モードで使用	洗濯機を省エネ・節水モードで使用	4
I	浴室	シャワー時間が10分	シャワー時間が5分	13
		シャワーを流したままシャンプーしている	シャワーを止めてシャンプーしている	13
		シャワーの温度が43℃	シャワーの温度が40℃	3

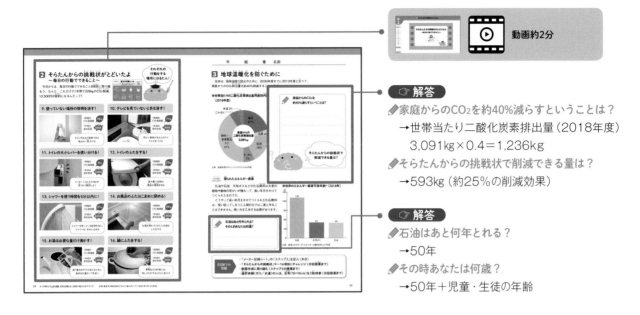

動画約2分

☞ 解答

✐ 家庭からのCO₂を約40％減らすということは？
→世帯当たり二酸化炭素排出量（2018年度）
3,091kg×0.4＝1,236kg

✐ そらたんからの挑戦状で削減できる量は？
→593kg（約25％の削減効果）

☞ 解答

✐ 石油はあと何年とれる？
→50年

✐ その時あなたは何歳？
→50年＋児童・生徒の年齢

2 そらたんからの挑戦状がとどいたよ　〜毎日の行動でできること〜

■そらたんからの挑戦状に関する注意事項 *1

●省エネ行動9：使っていない場所の照明を消す！

廊下や洗面所など、誰もいない場所で電気がつけっ放しのことは多いものです。部屋を出るときには必ず電気を消すことを習慣づけられるよう、学校でも積極的に取り組んでみてください。

●省エネ行動10：テレビを見ていないときは消す！

テレビがついていることが常態化してしまっている傾向があります。見たい番組を見るといったように目的意識を持ってテレビを活用するようにご指導ください。

●省エネ行動11：トイレの大小レバーを使い分ける！

トイレの大小レバーはあまり意識せずに一定方向に使用していることが多いものですが、用途に応じて使い分けることで1回あたり2L程度の水の量を節水することにつながります。

最近では節水型のトイレが増えてきています。

●省エネ行動12：トイレのふたをする！

暖房便座・温水洗浄便座を使用していない家庭もあります。その場合でも衛生面での配慮、公共施設でのマナーとして、ふたを閉めることをお伝えください。

●省エネ行動13：シャワーを使う時間を5分以内に！ *2

シャワーを使う時間を体感させるために、タイマーなどをジッパー付きポリ袋などに入れた状態でお風呂場に持ち込み、実際に計ってみるとよいでしょう。

●省エネ行動14：お風呂のふたはこまめに閉める！ *2

落とし込み式の場合、お風呂のふたがない家庭もありますので、ご注意ください。その場合、家族で続けて入浴することで省エネにつながります。

●省エネ行動15：お湯は必要な量だけ沸かす！

電気ポットでの保温には熱を保つためにエネルギーが多く必要です。必要な量を計量して沸かす習慣をつけることで、お茶やコーヒー用の湯の沸かし過ぎや味噌汁の作り過ぎなどを防げます。

●省エネ行動16：鍋にふたをする！

体験授業でエコ・クッキングを行わない場合は、該当ページ（ワークシートP37〜42）を紹介していただくと理解が深まります。

*1　1年間のCO₂削減量、節約金額は4人家族の場合のめやすです。家族人数に応じて異なります。

*2　お風呂等水まわりの省エネ行動に関して、省エネ行動シール（P9）を貼る際には、リモコンやドアの扉など水がかかりにくい場所を選ぶようご指導ください。

先生の声　「もったいないをさがそう」のところは、少し間延びしてしまったので、進め方を工夫するとよい。そらたんからの挑戦状では、省エネ行動がいくつもあることに気づけた。普段から、省エネ行動をしている生徒も、そのことが省エネ行動だと気づいて、嬉しそうにしていた。

ステップ4 体験学習プログラムの進め方

ステップ4では4つのプログラムを用意しています。どれか1つを選んで実施してください。

エネルギーデータの計測のリズムを崩さないようにするため、時間に余裕のある場合には、ステップ6以降に全てのプログラムを体験させるとより理解が深まります。

■体験学習実施のポイントと注意点

ステップ1から3までの学習で課題を発見し、問題解決に向けた方法を学びました。この時点で、既に16項目の省エネ行動をスタートできている児童・生徒がいる一方、まだまだ実践に結びついていない子どもたちもいます。

そこで、ステップ4では、電気、ガス、水道に関する実験を体験することで、その行動による効果を実感し、行動変容の大切さや理解につなげ、さらなる省エネ行動の実践を目指していきます。ここでは、電気、ガス、水道の削減をテーマに4つのプログラムを用意しています。家庭科室、理科室などで実施する「節電実験」「エコ・クッキング」「節水実験」に関し、施設環境が整わない場合、あるいは同時限に複数のクラスで実施する場合には、教室でもできる「省エネ行動トランプ」を推奨しています。

これまでの研究からも、ここに示した体験学習を行うことで教育前後の省エネ行動の実践度が向上し、実際の家庭でのエネルギー消費量が削減できることが分かっています。体験学習は、教育効果を上げるためにも体で覚えることができる大変効果的な学習法です。ここでは、どれか一つを選んで実践していきましょう。時間がある場合には複数体験させるとより効果的です。なお、各体験学習を実施する場合にはそれぞれの実施のポイントと注意点を確認し、行ってください。

【ガス】 エコ・クッキング 	・ 食材が必要となります。また、メニューによって蓋つきのフライパンもしくは蓋つきの鍋が必ず必要です。 ・ 班ごとに実習できる調理設備がある家庭科室で行います。 ・ 授業の前に食材は各班に計量して配っておくと、児童や生徒はエコポイントに集中して取り組めます。 ・ 小学校でマカロニサラダ（P39）を実施する際には2時間必要となります。
【水道】 節水実験 	・ 実験道具が必要となります。 ・ 水道設備のある理科室や家庭科室などで行います。 ・ 洗剤はあらかじめ、半分の濃度に薄めておくことを忘れないようにします。
【電気】 節電実験 	・ 実験器具が必要となります。 ・ コンセントの数が班の数、必要になります。 ・ 使用する電気機器の電力から、ブレーカーの容量を確認しておいてください。 ・ 理科室や家庭科室など、コンセントが確保できる場所が必要です。
【全般】 省エネ行動トランプ 	・ 省エネ行動トランプ（P127）の購入が必要となります。 ・ 教室の机を4つ組み合わせた程度のスペースが必要です。 ・ ゲームの進み具合が班によって差が出てくるので、早く終わった班には次の課題を考えさせるなどすると良いです。

■行動プランシートを記入しよう！

体験学習終了後には必ず行動プランシートを記入させて下さい。せっかくの体験学習を「楽しかった」だけで終わらせないひと工夫です。振り返りの学習効果があるだけでなく、この学びを何につなげるかを明確にイメージさせるために、このシートではWOOP（P99）の行動科学の手法を使って、宣言させます。特徴的なのは、目標を立てさせるだけでなく、実際に行おうと思った時に出会う障害にどう対応するのかを事前にイメージさせることで行動実践につなげる点です。

また、授業が楽しかったと肯定的にとらえている子どもたちの方が、行動意欲につながることが確認されていますので、せっかくの体験学習、ぜひ楽しみながら取り組ませてください。

行動プランシートの書き方のポイント

問1

授業を受けて、これまでよりも省エネ行動を実践しようと思う意欲を尋ねます。

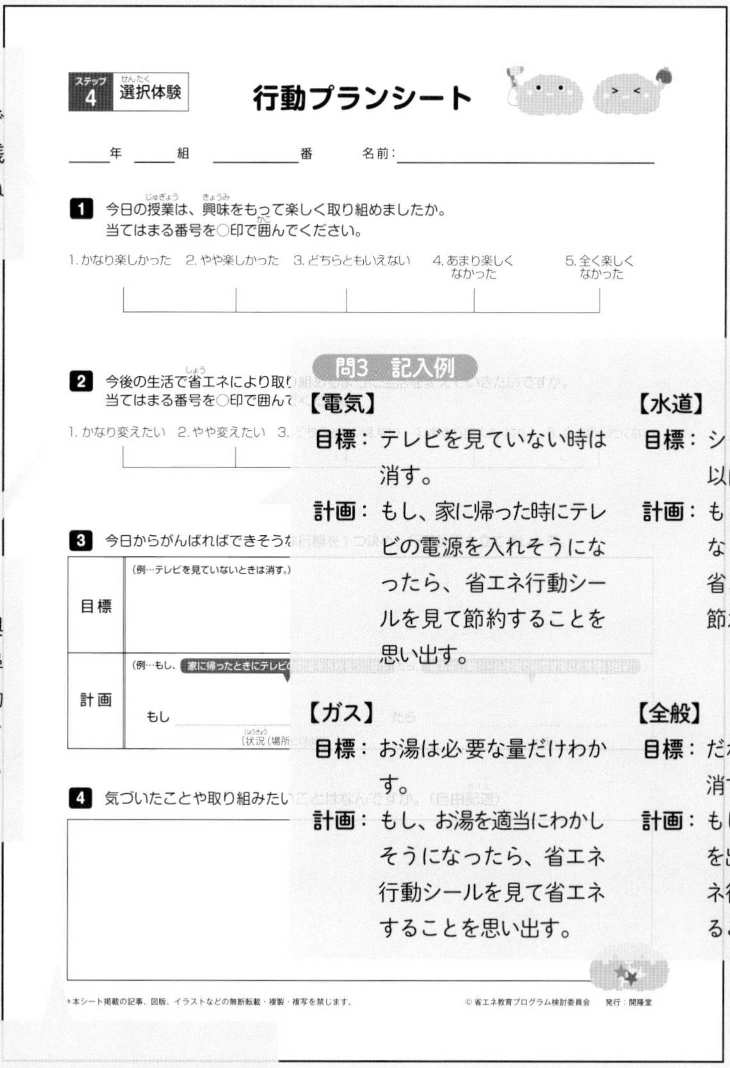

ステップ4 選択体験 行動プランシート

_____年_____組_____番　名前：_____

1 今日の授業は、興味をもって楽しく取り組めましたか。
当てはまる番号を○印で囲んでください。

1. かなり楽しかった　2. やや楽しかった　3. どちらともいえない　4. あまり楽しくなかった　5. 全く楽しくなかった

2 今後の生活で省エネにより取り組みたいですか。
当てはまる番号を○印で囲んで

1. かなり変えたい　2. やや変えたい　3.

3 今日からがんばればできそうな

目標	（例…テレビを見ていないときは消す。）
計画	（例…もし、家に帰ったときにテレビ もし （状況（場所

4 気づいたことや取り組みたいことはなんですか。（自由記述）

※本シート掲載の記事、図版、イラストなどの無断転載・複製・複写を禁じます。　　©省エネ教育プログラム検討委員会　発行：開隆堂

問3　記入例

【電気】

目標：テレビを見ていない時は消す。

計画：もし、家に帰った時にテレビの電源を入れそうになったら、省エネ行動シールを見て節約することを思い出す。

【ガス】

目標：お湯は必要な量だけわかす。

計画：もし、お湯を適当にわかしそうになったら、省エネ行動シールを見て省エネすることを思い出す。

【水道】

目標：シャワーを使う時間を5分以内にする。

計画：もし、シャワーを出しっぱなしにしそうになったら、省エネ行動シールを見て節水することを思い出す。

【全般】

目標：だれもいない部屋の照明を消す。

計画：もし、照明をつけたまま部屋を出そうになったら、省エネ行動シールを見て節約することを思い出す。

問2

授業を受けて、内容に興味や関心を持てたかを尋ねています。問1で行動への意欲が見られなくても、授業への関心を持っていることもあります。

問4

授業に関する自由な記述なので、授業中に気づいたことや他の省エネ行動への実践意欲、コミットメントがみられることもあります。

※記入することで振り返りを行い、より学習を定着させるだけでなく、自己肯定感の向上や行動促進につなげます。

ステップ 4

省エネ行動にチャレンジ!!
選択体験（ガス：エコ・クッキング）

学習のねらい

💡 **気づく** → 熱を上手に使うことが省エネにつながることに気づく

📖 **理解** → 食生活に関するエネルギーと水の上手な使い方を理解する

🚶 **実践** → 生活の中でエネルギーや水を上手に使う

⏰ シートを記入しよう! **5分** ・「メーター記録シート」の「ステップ3」の記入もれがないかどうか確認しよう
・「そらたんからの挑戦状」の「ステップ4」を記入しよう

1 エコ・クッキングとは

エコ・クッキングとは、「買い物」から「片づけ」まで環境に配慮して行動することだよ。

買い物
自動車で買い物に行くとエネルギーを使う

調理
料理をするときに、エネルギーを使う

片づけ
洗うときに、水やエネルギーを使う

食事
残してしまうとごみになり、焼却にエネルギーを使う

●エネルギーを大切にし、上手に使う
●食べ物を大切にし、ごみを減らす
●水を汚さず、大切に使う

たのしく作っておいしく食べるたん!

37

2 エコ・クッキングに挑戦しよう

実際にエコ・クッキングでクロックムッシュか
マカロニサラダをつくってみよう。

手を洗い、
分担して
調理を
はじめるたん！

つくってみよう！ クロックムッシュ

1人分の栄養価　エネルギー：190kcaL　たんぱく質：6.0g　脂質：12.9g　炭水化物：12.1g　塩分：0.9g

材料（4人分）
食パン（8枚切り）....... 2枚
マヨネーズ 小さじ4
ベーコン 4枚
チーズ（スライス）...... 2枚
パセリ（乾燥）........... 少々

マヨネーズの代わりに
ピザソースをぬると、
ピザトーストになるよ

❶ 半分に切った食パンにマヨネーズをぬる。

ECO
きれいに
かきとって使う

❷ 1にベーコン、半分に切ったチーズをのせ、
パセリをふる。

自分の分は
自分で
のせよう

❸ フライパンに、チーズののった面を下にして
ふたをし、中火で3分焼く。

火を
つける前に
ならべるよ
ECO

ECO
中火で
ふたをする

❹ ひっくり返し、ふたをし、中火で1分焼き、
皿に盛りつける。

ECO
中火で
ふたをする

ECO
エコポイント

炎をはみ出さない　　ふたをする

調理道具

フライパン ....1個　　バット 1個
フライパンのふた ....1個　　シリコンスプーン 1本
さいばし ....1組　　皿・フォーク 4セット
小さじ 1本

マカロニサラダ

1人分の栄養価　エネルギー：188kcaL　たんぱく質：6.7g　脂質：7.4g　炭水化物：22.8g　塩分：0.9g

材料（4人分）

きゅうり …………………………	1/2本
にんじん …………………………	1/4本
とうもろこし（ゆで・缶）…………	大さじ4
ツナ（水煮・缶）…………………	70g
マカロニ（ゆで時間3分）…………	100g
A ┌ マヨネーズ…………………	大さじ3
├ 塩　…………………………	小さじ1/3
└ こしょう …………………	少々
サラダ菜 …………………………	4枚

❶きゅうりはたて半分にし半月切りに、にんじんは薄くいちょう切りにする。

ECO へたをぎりぎりで切りとる

ECO 皮ごと使いへたの周りも使う

❷鍋ににんじんと水（分量外2カップ）を入れ、ふたをして火にかける（中強火）。

ECO ふたをする

ECO 少ない水でゆでる

ECO 火加減は鍋底の大きさに

❸ふっとうしたらマカロニを加えてゆでる（中火・3分）。ゆであがる直前にきゅうりととうもろこしを入れる。

ECO 1つの鍋で同時調理

❹ゆであがったらざるに上げて水けを切りボウルに入れ、水けを切ったツナとAを加えて混ぜる。サラダ菜を添え、盛りつける。

ECO ゴムべらできれいにかきとる

調理道具

包丁・まな板	1セット	ざる	1個	ゴムべら	1本
鍋（18cm）	1個	計量カップ	1個	皿・フォーク	4セット
鍋のふた	1個	大さじ・小さじ	各1本		
ボウル	1個	さいばし	1組		

年　　組　　番　名前

3 省エネできたかな？

エコ・クッキングを振り返り、生活も含め応用できる工夫はありますか？
「行動プランシート」を記入しながら、今やっていること、
これから行いたいことをチェックしてみよう。

忘れずに
記入しよう！

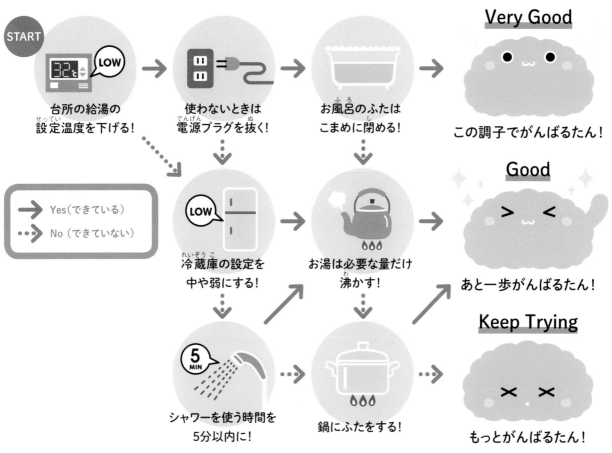

Very Good

この調子でがんばるたん！

Good

あと一歩がんばるたん！

Keep Trying

もっとがんばるたん！

START
台所の給湯の
設定温度を下げる！

使わないときは
電源プラグを抜く！

お風呂のふたは
こまめに閉める！

→ Yes（できている）
┈▶ No（できていない）

冷蔵庫の設定を
中や弱にする！

お湯は必要な量だけ
沸かす！

シャワーを使う時間を
5分以内に！

鍋にふたをする！

〔豆知識〕 **生ごみを上手に捨てる**

生ごみは、排水口のごみ受け
や三角コーナーにためておくと、
水をふくんで量が増えてしまうよ。
水を汚すだけでなく、ごみを燃やす
ときにエネルギーがたくさん必要
になるよ。そのまま捨てられる、
便利なチラシのごみ入れをつく
ってみよう。

※チラシはA3サイズくらいのものを二重にして使うとよい。

**チラシの
ごみ入れの
つくり方**

①4つに折る

②両方のふくろを
開いて、内側を表にする

③中心に向かって
両端を折る

④上部を折る

⑤反対側も同じように

⑥口を開ける

⑦できあがり！

**次回までの
宿題**

・「メーター記録シート」の「ステップ4」を記入（本日）
・「そらたんからの挑戦状」1〜16項目にチャレンジ（次回授業まで）
・新聞作成に取り組む（ステップ5の授業まで）

ハッシュドポーク

1人分の栄養価：エネルギー：153kcaL(ご飯を除く) たんぱく質：6.7g 脂質：9.0g 炭水化物：10.8g 塩分：1.1g

材料(4人分)

たまねぎ	1/2個
にんじん	1/4本
豚肉(こま切れ)	120g
サラダ油	大さじ1
小麦粉	大さじ2
中濃ソース	大さじ1と1/2
砂糖	小さじ1
インスタントコーヒー	小さじ1
トマトジュース(無塩)	160g
水	160mL
コンソメ	1個
コーヒーフレッシュ	2個
塩・こしょう	少々
パセリ(乾燥)	適宜

家によくある材料と
ちょっとの工夫で本格的な
ハッシュドポークに!

調理道具

包丁	1丁	さいばし	1組	計量カップ	1個
まな板	1枚	木べら	1本	おたま	1個
おろし金	1個	ゴムべら(耐熱性)	1本	しゃもじ	1本
フライパン	1個	大さじ	1本	皿	4枚
フライパンのふた	1個	小さじ	1本	スプーン	4本

エコポイント

ため水で洗う

洗いおけやボウルにためた水で洗い、最後に流水ですすぐ。

皮ごと丸ごと使う

きれいに洗って皮ごと丸ごと使う。

火加減を調整

炎がはみ出さない火加減で、料理に合わせて調節。

ふたをする

湯を沸かすとき、煮物をするときはふたをする。

汚れをふき取る

なべや皿の汚れは、いらなくなった古布でふきとってから洗う。

❶たまねぎは茶色い皮をむき、さっと洗い、根をぎりぎりで切り落とし、薄切りにする。にんじんは皮ごとすりおろし、すりおろせなかった部分はみじん切りにする。

❷フライパンにサラダ油と豚肉を入れ、炒めながら肉をほぐす。小麦粉を振り入れ、肉とからませ炒める。

❸たまねぎ、にんじんは準備のできたものから炒め、中濃ソース、砂糖、インスタントコーヒーを加え、たまねぎがしんなりするまで炒める。

❹トマトジュース、水、コンソメ、コーヒーフレッシュ（1個）を加え、ふたをして煮る。

水はトマトジュース缶ではかり、すりおろしきやソースを入れた器など洗い流しながら水を加え、食材をむだにしない

❺沸とうしたら火を弱め、ふたをし5分煮てから、塩、こしょうで味をととのえる。

❻ご飯とルーを盛りつけ、コーヒーフレッシュをルーにかけ、ご飯にパセリを振る。

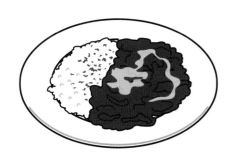

 調理が終わったら
自分の班のごみの量をはかろう！

_____ g

※時間が空いたら、行動プランシートを記入しよう。

通常の調理　　15g　エコ・クッキング　3g

ステップ **4**

教師用指導案　▶解決課題に向けた実践活動◀

省エネ行動にチャレンジ!!（ガス：エコ・クッキング）

展開事例（45分）　※デジタル教材「ステップ4」を併せて活用しましょう。

	学習活動	指導上の留意点と支援
導入 5分	・ メーター記録シートを記録する。 ・ そらたんからの挑戦状を記入する。 ・ 授業の流れを理解する。	・ メーター記録シートが記入できているかペアで確認させる。 ・ そらたんからの挑戦状の「ステップ4」を記入させる。 ・ 授業の流れを説明する。
展開 35分	**持続可能な社会のために自分たちができることはなんだろう？** **１ エコ・クッキングとは** ・ エコ・クッキングとは何かを確認する。 　　[全体共有]　　　　　　　　　　　　（2分） **２ エコ・クッキングに挑戦しよう** ●調理方法の確認 ・ レシピを見て手順を理解する。 ・ エコポイントを確認する。 ・ 作業を分担する。 　　[全体共有→グループ作業]　　　　　（3分） ●調理実習 ・ 調理を開始する。 ・ 手が空いている人は、器具を片づけ、行動プランシートを記入する。 　　[グループ作業]　　　　　　　　　　（15分） ●試食 ・ 完成したら試食をする。 　　[グループ作業]　　　　　　　　　　（10分） ●片づけ ・ 上手な食器洗浄シートを見ながら、片づける。 ・ 分担して作業する 　　[グループ作業]　　　　　　　　　　（5分）	 ・ エコ・クッキングとは、「買い物」から「片づけ」までを環境に配慮して行うことという説明をする。 ・ 調理器具、材料を各班に事前に1セットずつ配布しておく（要冷蔵のもののみ直前に配布）。 ・ 4人の班を作るように指示をし、通常の作り方と違う部分（留意点）を中心にレシピを説明する。 ・ 適宜声かけを行うとともに、ガスコンロの使い方などの安全面を確認する。 ・ 全員で協力しながら進めるよう指示する。手が空いた人は行動プランシートを記入するよう伝える。 ・ 完成した班から順に試食を開始する。「いただきます」を忘れずに。 ・ 片づけの方法 （古布で汚れを拭き取る、食器を重ねない、汚れの少ないものから洗うなど声をかける）
まとめ 5分	**３ 省エネできたかな？** ・ 行動プランシートを記入する。 ・ 次回までの宿題を確認する。 ・ 新聞作成課題が進んでいるか確認する。 ※豆知識は時間がある場合のみ行います。	・ 行動プランシートを記入させる。 ・ メーター記録シート（ステップ4）の記入を指示する。 ・ そらたんの挑戦状（未達成分）に取り組むように声をかける。 ・ 新聞作成課題締め切りを周知する。

学習のねらい	気づく	熱を上手に使うことが省エネにつながることに気づく
	理解	食生活に関するエネルギーと水の上手な使い方を理解する
	実践	生活の中でエネルギーや水を上手に使う

ステップ4（ガス：エコ・クッキング）ワークシート（PDF）

児童・生徒用ワークシート　ダウンロードはこちら　➡　http://www.kairyudo.co.jp/kyokara43

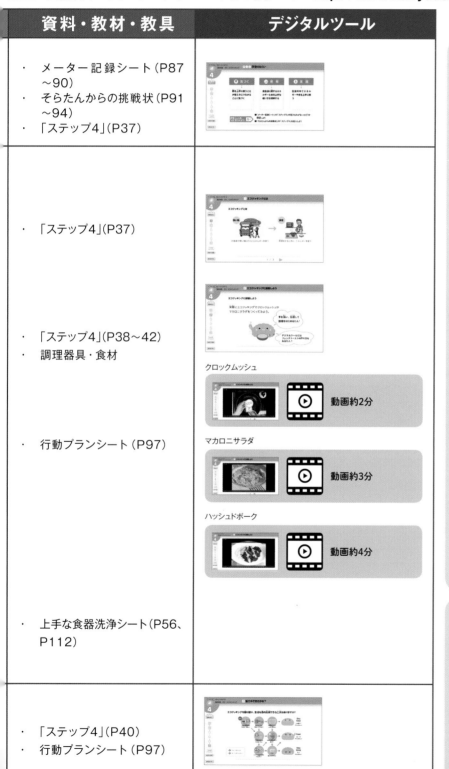

資料・教材・教具	デジタルツール
・ メーター記録シート（P87〜90） ・ そらたんからの挑戦状（P91〜94） ・ 「ステップ4」（P37）	
・ 「ステップ4」（P37）	
・ 「ステップ4」（P38〜42） ・ 調理器具・食材	クロックムッシュ　動画約2分
・ 行動プランシート（P97）	マカロニサラダ　動画約3分 ハッシュドポーク　動画約4分
・ 上手な食器洗浄シート（P56、P112）	
・ 「ステップ4」（P40） ・ 行動プランシート（P97）	

※中高生で行う場合は、下記学習内容も授業に加えてください。

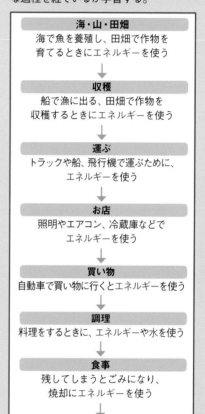

一歩先へ　プラスワンポイント

【食べ物が口に入るまで】
　私たちの口に食べ物が入るまでどのような過程を経ているか学習する。

海・山・田畑
海で魚を養殖し、田畑で作物を育てるときにエネルギーを使う
↓
収穫
船で漁に出る、田畑で作物を収穫するときにエネルギーを使う
↓
運ぶ
トラックや船、飛行機で運ぶために、エネルギーを使う
↓
お店
照明やエアコン、冷蔵庫などでエネルギーを使う
↓
買い物
自動車で買い物に行くとエネルギーを使う
↓
調理
料理をするときに、エネルギーや水を使う
↓
食事
残してしまうとごみになり、焼却にエネルギーを使う
↓
片づけ
洗うときに、エネルギーや水を使う

一歩先へ　プラスワンポイント

【生ごみの計量】
　生ごみ量を計量するためのチラシのごみ入れを用意し、調理を開始する。班ごとに生ごみの量を計量し、板書させる。（P42参照）

【ハッシュドポーク】
　応用編メニュー「ハッシュドポーク」は中高生向けメニューとなっています。
（注）小学生では生肉・生魚は扱えませんのでご注意ください。

先生の声　調理実習は好きな子どもが多く、また作ってみたい等、とても喜んで取り組んでいた。作り方のデジタル教材があることで分かりやすく、実習がスムーズに進んだ。行動プランシートまで記入するとなると、1時間は厳しかった。

教師用解説

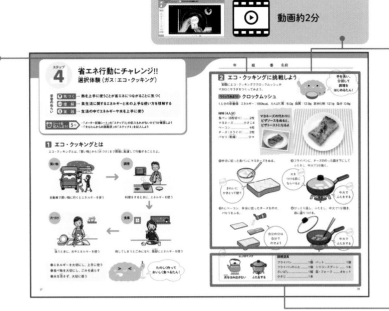

動画約2分

■食物アレルギー対応

取り扱う食材により、同一工場内でつくられているものもあるため、食物アレルギーの児童がいる場合には留意すること。
調理道具なども分けて対応すること。

・**クロックムッシュ（対応例）**
卵、乳、小麦使用。食パンは米粉パン、マヨネーズは卵不使用のもの、もしくはピザソース、チーズはチーズ様食品などで代替。

・**マカロニサラダ（対応例）**
卵、小麦使用。マカロニはじゃがいも（小2個200g／2～3mm程度の薄切り）、マヨネーズは卵不使用のもので代替。じゃがいもの場合、水からゆでます。

2 エコ・クッキングに挑戦しよう

体験時間や授業の進度に合わせてメニューを選択してください。食材リストと道具リストをもとに人数に応じて準備をして下さい。1班4人の場合で表示しています。1班の人数を増やす場合は、皿、スプーン、古布の数を増やしてください。

【1時間で体験する場合】クロックムッシュ
■食材リスト

食材	1班の分量	使用分量	備考	チェック
食パン（8枚切り）	2枚		半分に切っておく	
マヨネーズ ※1	小さじ4		小さじ1＝4g	
ベーコン ※2	4枚		ハーフサイズ	
チーズ（スライス）	2枚			
パセリ（乾燥）	少々			

※1 マヨネーズをピザソースに変えるとピザトーストになります。
※2 加熱食肉製品（加熱後包装）のものを使用すること。ハムでも代替可。
その場合事前に半分に切っておくこと。

■道具リスト

調理道具	1班の個数	チェック
フライパン	1	
フライパンのふた	1	
さいばし	1	
小さじ	1	
バット	1	
シリコンスプーン	1	
皿・フォーク（試食用）	4セット	
チラシのごみ入れ	1	
古布	4	
洗いおけ（ボウル大でも代用可）	1	
洗剤・スポンジ	1セット	
食器用布巾・台布巾	適宜	

【1時間で体験する場合】フレンチトースト

児童用ワークシートにはフレンチトーストのレシピは示していませんが、クロックムッシュと同程度の難易度です。

■フレンチトースト　レシピ

①バットに卵、牛乳、砂糖を合わせる。
②半分に切った食パンを①にひたす（表裏それぞれ30秒ずつ）。
③フライパンにサラダ油をひき、②をのせ、ふたをし、中火で2分焼く。
④ひっくり返し、ふたをし、中火で1分焼き、皿に盛り、メイプルシロップをかけ、粉砂糖をふる。

■食材リスト

食材	1班の分量	使用分量	備考	チェック
食パン（8枚切り）	2枚		半分に切っておく	
卵	1個			
牛乳	80mL			
砂糖	小さじ4		小さじ1＝3g	
サラダ油	小さじ1		小さじ1＝4g	
メイプルシロップ	適量			
粉砂糖	適宜			

■道具リスト

調理道具	1班の個数	チェック
フライパン	1	
フライパンのふた	1	
さいばし	1	
計量カップ	1	
小さじ	1	
バット	1	
皿・フォーク（試食用）	4セット	
チラシのごみ入れ	1	
古布	4	
洗いおけ（ボウル大でも代用可）	1	
洗剤・スポンジ	1セット	
食器用布巾・台布巾	適宜	

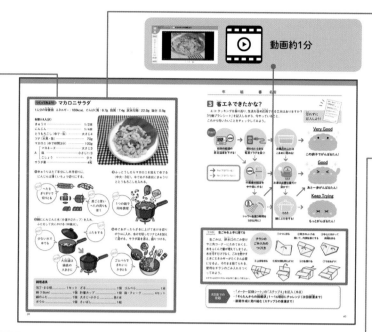

動画約1分

■きゅうりをゆでない場合

きゅうりをゆでない場合は、塩ひとつまみ（分量外）をふり、しばらく置いてから水気を切り最後に加える。Aの塩の分量を小さじ1/4に変更する。

■片づけのポイント

詳しくはP56参照。

■エコポイント（補足資料）

炎をはみ出さない

炎がはみ出した部分は、鍋には伝わらず無駄になります。

ふたをする

鍋にふたをすると使うエネルギーを約11%減らすことができます。

【2時間で体験する場合】マカロニサラダ
■食材リスト

食材	1班の分量	使用分量	備考	チェック
きゅうり	1/2本		1本=100g	
にんじん	1/4本		1本=160g	
とうもろこし（缶）	大さじ4		大さじ1=16g	
ツナ（水煮缶）	70g		1缶=70g	
マカロニ	100g		早茹で（3分）	
マヨネーズ	大さじ3		大さじ1=12g	
塩	小さじ1/3		小さじ1/3=2g	
こしょう	少々		1本=100g	
サラダ菜	4枚		1株15枚程度	

■道具リスト

調理道具	1班の個数	チェック
包丁	1	
まな板	1	
鍋（18cm）	1	
鍋のふた	1	
バット	1	
ボウル（中）	1	
ざる	1	
計量カップ	1	
大さじ	1	
小さじ	1	
さいばし	1	
ゴムべら	1	
皿・フォーク（試食用）	4セット	
チラシのごみ入れ	2	
古布（汚れ拭き取り用）	8	
洗いおけ（ボウル大でも代用可）	1	
洗剤・スポンジ	1セット	
食器用布巾・台布巾	適宜	

※他に、生ごみを計量するはかりを全体で1台用意する。

■エコ・クッキングの省エネ効果

エコ・クッキングのアイデアを取り入れることで、ガス使用量、水使用量、ごみ廃棄量にこれだけの差が出ます。

実習時はごみの量をはかり、班ごとに比較するとともに、下記数値を提示し、ゲーム感覚で削減に取り組めるよう工夫しましょう。

■エコ・クッキングによる削減効果（参考値）

クロックムッシュ

	通常	エコ・クッキング	削減率
ガス使用量	9L	7L	約22%
水使用量	18L	9L	約50%
CO$_2$排出量	25g	19g	約28%

フレンチトースト

	通常	エコ・クッキング	削減率
ガス使用量	8L	6L	約25%
水使用量	16L	8L	約50%
CO$_2$排出量	27g	20g	約26%

マカロニサラダ

	通常	エコ・クッキング	削減率
ガス使用量	36L	13L	約64%
水使用量	36L	12L	約67%
ごみ廃棄量	7g	1g	約86%
CO$_2$排出量	90g	28g	約69%

出典：東京家政大学調べ

先生の声 楽しそうに取り組んでいた。デジタル教材は、調理の仕方を分かりやすく説明しているため、実習も非常にスムーズだった。生ごみの量を量ることで、より無駄なく調理しようとする意識が高まり、この授業の後でも、無駄がないように気にしながら取り組む姿が見られた。

ステップ4 教師用解説（応用編）

■調理時の注意事項

- ご飯を炊く時間がないので、米は実習前に浸水し、ハッシュドポークが出来上がる前に炊き上がるようにしましょう。
- ご飯ではなくロールパンなどで代用してもよいでしょう。
- 沸とうはぶくぶくとしっかり沸とうしたところから、5分間煮込んでください。
- 古布は10cm角に切ったものを1人2枚持参するよう事前指導してください。調理道具や食器の汚れを拭き取ってから洗います。

  動画約4分

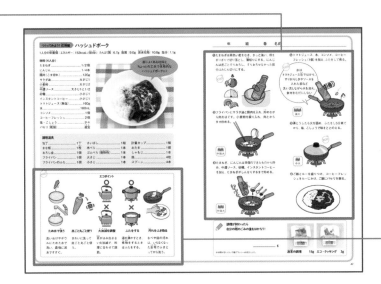

食材リストと道具リストをもとに人数に応じて準備をして下さい。1班4人の場合で表示しています。1班の人数を増やす場合は、皿、スプーン、古布の数を増やしてください。

■フライパンでハッシュドポーク　食材リスト

食材	1班の分量	使用分量	備考	チェック
豚こま切れ	120g			
サラダ油	12g		大さじ1＝12g	
小麦粉	18g		大さじ1＝9g	
たまねぎ（中）	1/2個		約130g	
にんじん（中）	1/4本		約40g	
中濃ソース	27g		大さじ1＝18g	
砂糖	3g		小さじ1＝3g	
インスタントコーヒー	2g		小さじ1＝2g	
トマトジュース（無塩）	160g		トマトジュース缶（無塩）1本＝160g	
コンソメ（固形）	1個		約5g	
コーヒーフレッシュ	2個		生クリーム小さじ2で代用可	
塩	少々			
こしょう	少々			
パセリ（乾燥）	少々			
米 ※	200g		1合＝150g	

※米を炊く代わりにロールパンなどで代用してもよい。

■フライパンでハッシュドポーク　道具リスト

調理道具	1班の個数	チェック
包丁	1	
まな板	1	
おろし金	1	
フライパン（直径26cm）	1	
フライパン用ふた（直径26cm）	1	
バット（食材仕分け用）	1	
ボウル（大）	1	
ボウル（小）	1	
菜ばし	1	
木べら	1	
おたま（レードル）	1	
しゃもじ	1	
計量カップ	1	
計量スプーン（大）	1	
計量スプーン（小）	1	
ゴムべら（耐熱性）	1	
炊飯器もしくは文化鍋	1	
皿（試食用）	4	
スプーン（大・試食用）	4	
チラシのごみ入れ	2	
古布（汚れ拭き取り用）	8	
洗いおけ（ボウル大でも代用可）	1	
洗剤	1	
スポンジ	1	

※他に、生ごみを計量するはかりを全体で1台用意する。

47

■エコポイント（補足資料）

ため水で洗う
汚れの少ない食材から洗いはじめ、泥つきのものへと洗い、最後に流水ですすぎます。

皮ごと丸ごと使う
皮や茎、外葉など食べられる部分を最大限使うことで可食部分が約10～30％増えます。

炎をはみ出さない
適切な火加減にすることでエネルギーを約30％減らすことができます。

ふたをする
鍋にふたをすると使うエネルギーを約11％減らすことができます。

汚れをふき取る
汚れを拭き取ってから洗うことで、汚れの約80％、使う水の約30％を減らすことができます。

出典:東京ガス「ウルトラ省エネブック(2021年1月)」

■エコ・クッキングの省エネ効果

エコ・クッキングのアイデアを取り入れることで、ガス使用量、水使用量、ごみ廃棄量にこれだけの差が出ます。

実習時はごみの量をはかり、班ごとに比較するとともに、下記数値を提示し、ゲーム感覚で削減に取り組めるよう工夫をしましょう。

●エコ・クッキングによる削減効果（参考値）

	通常	エコ・クッキング	削減率
ガス使用量	30L	25L	約17％
水使用量	22L	8L	約64％
ごみ廃棄量	15g	3g	約80％

●エコ・クッキングによるCO₂排出量削減効果

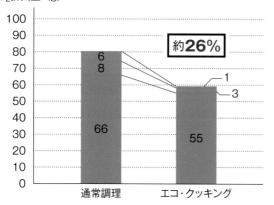

出典:東京家政大学調べ

■1人1日当たりの必要なエネルギー

私たちは生きていくために、1人1日2,000kcal～2,500kcalのエネルギーを食べ物から摂取しています。しかし、家庭で使う電気やガスのエネルギーはその約4倍、さらに現代の便利で快適な生活を営むために、社会全体では約27倍のエネルギーを使っています。私たちの生活がどれほど大きなエネルギー消費の上に成り立っているかに気付くことができます。

例えば、遠い生産地から食べ物を運ぶと運ぶためのエネルギーを多く消費します。日本の食料自給率は38％（2016年度／カロリーベース）と低く、海外からの輸入に多くを依存しています。

食料輸入量に輸送距離を乗じた指標として「フードマイレージ」があり、日本は韓国・アメリカの2倍、フランス・ドイツの3倍と環境負荷が高いのです。

●1人1日あたりの必要なエネルギー（2015年度）

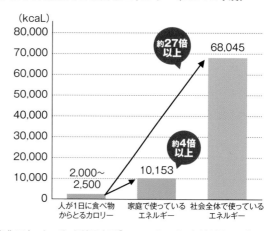

出典:日本エネルギー経済研究所「2017 エネルギー・経済統計要覧」および総務省統計局「人口推計(平成27年10月1日現在)」より作成

先生の声 材料の準備も含め一連の作業がスムーズに組まれてあり、学びの効果が非常に高いと感じた。デジタル教材は要領よく調理手順が確認でき生徒の集中力が見られた。「省エネできたかな?」や「行動プランシート」から"つなげる力"が弱いという課題が見えてきた。

48

ステップ4 省エネ行動にチャレンジ!!
選択体験（水道：節水実験）

学習のねらい

💡 気づく → 水は大切な資源であることに気づく

📖 理解 → 上手な食器の洗い方を理解する

🚶 実践 → 水を汚さず、大切にする取り組みを考え、実践する

⏰ シートを記入しよう! **5分** ・「メーター記録シート」の「ステップ3」の記入もれがないかどうか確認しよう
・「そらたんからの挑戦状」の「ステップ4」を記入しよう

1 エコな食器洗いに挑戦しよう

食器の洗い方を工夫するだけで、使う水や洗剤の量を少なくすることができ、水を汚す原因を減らすことができるよ。上手な食器の洗い方をマスターしよう。

準備するもの（2人1組分）

食器（皿） 1枚
ティースプーン 1本
空ペットボトル（500mL）.............1本
じょうろ口 1個
古布 1枚
食器洗浄用スポンジ 1個

A*1 ┌ ごま油........ ティースプーン1/2杯
　　│ 計量カップ 1個
　　│ 洗いおけ（ボウル）..............1個
　　│ 薄めた食器洗浄用洗剤*2
　　└ ....ワンプッシュ

*1　Aの道具は4人に1個用意して、順番に使う
*2　食器用洗浄洗剤と水を1:1で薄めておく

準備しよう

❶ティースプーン1/2杯分のごま油を、スプーンで底面に広げ、汚れた食器をつくる。

❷ペットボトルの口まで水を入れ、じょうろ口を取りつけ、ペットボトルじょうろをつくる。

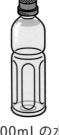

500mLの水

❸洗いおけに水を5cm程度の深さまで入れる。

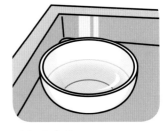

1Lの水* 　＊1L=1000mL

試してみよう

2人1組でエコな食器洗いにチャレンジしよう。

❶下準備

食器の汚れを古布（1枚）でふき取る。

❷洗剤をつけて洗う

スポンジを洗いおけの水に浸し、薄めた洗剤をワンプッシュつけ、洗剤のついたスポンジで食器を洗い、汚れを落とす。

❸ため水で洗う

洗いおけのため水に食器をくぐらせ、泡を落とす。

お皿を4枚以上
洗うときは
洗いおけを
つかう方が
いいよ！

❹流水ですすぐ

ペットボトルじょうろで、食器の表面→裏面→表面の順に洗い流す。

ペットボトルを
友達に
持ってもらおう

❺使用した水の量を比べる

計量カップで残った水の量をはかり、使った水の量を計算する。

記録しよう

方法	よくある方法 （よごれをふき取らない／ 洗いおけなし）	エコな方法 （よごれをふき取る／ 洗いおけあり）
残った水の量	0　mL	mL
使用した水の量 （500mL－残った水の量）	500　mL	mL

ふき取らないと
ペットボトル1本分
（500mL）も
水を使ってしまうたん！

✐　いつものやり方と何が違いましたか？

2 どのくらいお湯を使っている?

どれくらいたくさんのお湯を使っているか、ペットボトル（500mL）何本分になるか考えてみよう。

お風呂のお湯：約200L

シャワー5分：約50L

食器洗い10分：約100L

⇒ ペットボトル　　　　本分　　　⇒ ペットボトル　　　　　本分　　　⇒ ペットボトル　　　　本分

> お湯を上手に使うために、どんな工夫ができるかな?
>
> ....
>
> ....

3 水資源

地球上にはおよそ14億km³（立方キロメートル）の水があると言われています。一人1日あたりの水使用量とともに確認してみましょう。

●地球上の水の量

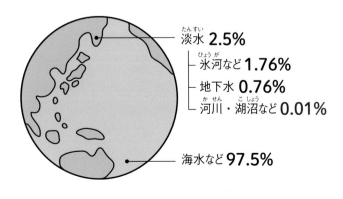

淡水 2.5%
　├ 氷河など 1.76%
　├ 地下水 0.76%
　└ 河川・湖沼など 0.01%

海水など 97.5%

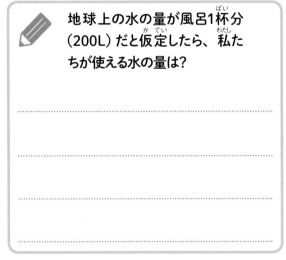

> 地球上の水の量が風呂1杯分（200L）だと仮定したら、私たちが使える水の量は?
>
> ....
>
> ....
>
> ....

出典：国土交通省「令和2年版 日本の水資源の現況」より作成

4 省エネできたかな?

食器洗いを振り返り、生活も含め応用できる工夫はありますか?
「行動プランシート」を記入しながら、今やっていること、
これから行いたいことをチェックしてみよう。

忘れずに
記入しよう!

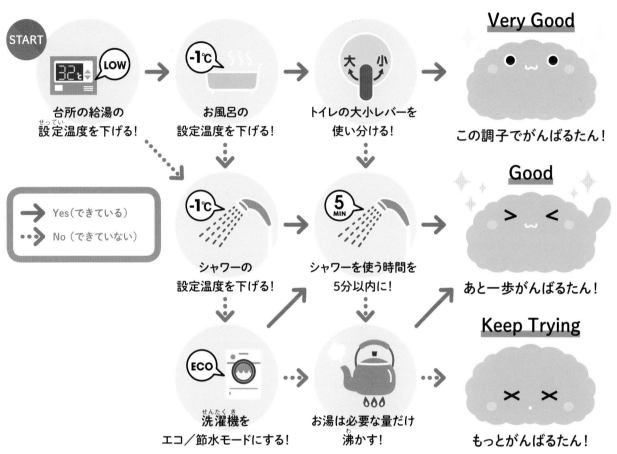

START

台所の給湯の
設定温度を下げる!

お風呂の
設定温度を下げる!

トイレの大小レバーを
使い分ける!

→ Yes(できている)
⇢ No(できていない)

シャワーの
設定温度を下げる!

シャワーを使う時間を
5分以内に!

洗濯機を
エコ／節水モードにする!

お湯は必要な量だけ
沸かす!

Very Good
この調子でがんばるたん!

Good
あと一歩がんばるたん!

Keep Trying
もっとがんばるたん!

豆知識 **魚がすめるようにするために必要な水の量**

そのまま流すとどのくらい水を汚してしまうの?

マヨネーズ	牛乳	オレンジジュース	洗剤
大さじ 1杯	コップ 1杯	コップ 1杯	ワンプッシュ 1g
お風呂 **20杯**	お風呂 **20杯**	お風呂 **15杯**	お風呂 **0.8杯**

お風呂1杯
(200L)は
500mLペットボトル
400本分だよ

お風呂1杯=200L

出典:東京都環境局「とりもどそうわたしたちの川と海を(2008年)」より作成

次回までの
宿題

・「メーター記録シート」の「ステップ4」を記入(本日)
・「そらたん」からの挑戦状1〜16項目にチャレンジ(次回授業まで)
・新聞作成に取り組む(ステップ5の授業まで)

省エネ行動にチャレンジ!!（水道：節水実験）

展開事例（45分）　※デジタル教材「ステップ4」を併せて活用しましょう。

	学習活動	指導上の留意点と支援
導入 **5分**	・ メーター記録シートの記録を確認する。 ・ そらたんからの挑戦状を記入する。 ・ 授業の流れを理解する。	・ メーター記録シートが記入できているかペアで確認させる。 ・ そらたんからの挑戦状の「ステップ4」を記入させる。 ・ 授業の流れを説明する。
展開 **35分**	**持続可能な社会のために自分たちができることはなんだろう？** **1 エコな食器洗いに挑戦しよう** ●説明 ・ 実験の説明を聞き、内容と手順を理解する。 　[全体共有]　　　　　　　　　　（5分） ●準備しよう ・ 道具をそろえ、協力して実験を行う。 ●試してみよう ・ 2人1組で「エコな方法」の食器洗いを行う。 　[グループ作業]　　　　　　　　（15分） ●記録しよう ・ エコな方法で行ったチームごとの実験の結果の比較をし、結果をワークシートに記入する。 　[全体共有]　　　　　　　　　　（5分） **2 どのくらいお湯を使っている？** ・ 普段の生活で、お湯を大量に使っていること、自分たちにできる工夫があることに気づく。 　[全体共有]　　　　　　　　　　（5分） **3 水資源** ・ 地球上の水資源は限られていることに気づく。 　[全体共有]　　　　　　　　　　（5分）	 ・ 2人1組（または3人1組）を作るように指示をし、実験器具を配布する。器具によっては2組で1個使うことを伝える。 ・ 通常の食器洗い方法について説明した上で、今日はいつもと違う水を汚さず少ない水で洗うエコな方法で行うことを伝える。 ・ 実験方法を説明する。 ・ 流しのスペースを上手に活用し、全員が同時に体験できるようにする ・ 各組に必要な支援を行う。 　※実験方法を理解しているか。 ・ 早く体験が終わったグループは、行動プランシートを記入させる。 ・ 水は貴重な資源であることを意識させる。 ・ 1日に何リットルもの水を使っていることを気づかせる。 ・ 水も貴重な資源であることを意識させる。
まとめ **5分**	**4 省エネできたかな？** ・ 行動プランシートを記入しながら、今日から取り組む省エネ行動（節水）について考える。 ・ 次回までの宿題を確認する。 ・ 新聞作成課題が進んでいるか確認する。 ※豆知識は時間がある場合のみ行います。	・ 行動プランシートを記入させる。 ・ メーター記録シート（ステップ4）の記入を指示する。 ・ そらたんの挑戦状（未達成分）に取り組むよう声をかける。 ・ 新聞作成課題の締め切りを周知する。

学習のねらい	気づく	水は大切な資源であることに気づく
	理 解	上手な食器の洗い方を理解する
	実 践	水を汚さず、大切にする取り組みを考え、実践する

ステップ4（水道：節水実験）ワークシート（PDF）

児童・生徒用ワークシート　ダウンロードはこちら　➡　http://www.kairyudo.co.jp/kyokara53

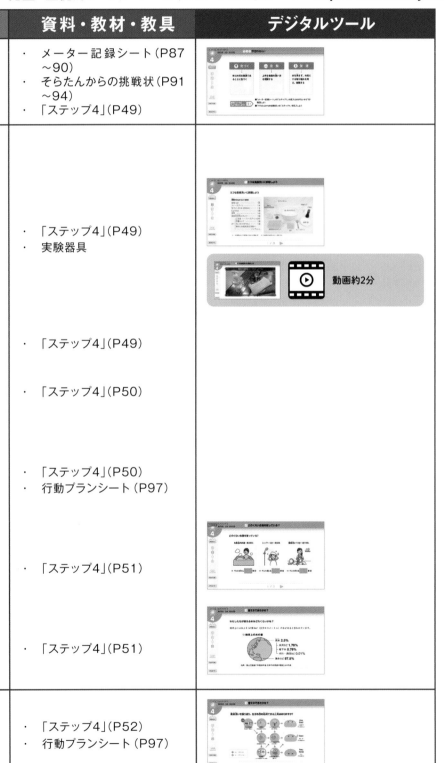

資料・教材・教具	デジタルツール
・　メーター記録シート（P87～90） ・　そらたんからの挑戦状（P91～94） ・　「ステップ4」（P49）	
・　「ステップ4」（P49） ・　実験器具	動画約2分
・　「ステップ4」（P49）	
・　「ステップ4」（P50）	
・　「ステップ4」（P50） ・　行動プランシート（P97）	
・　「ステップ4」（P51）	
・　「ステップ4」（P51）	
・　「ステップ4」（P52） ・　行動プランシート（P97）	

※中高生で行う場合は、下記学習内容も授業に加えてください。

一歩先へ　プラスワンポイント

【実験してみよう】

　中高生で実施する場合には、「よくある方法」と「エコな方法」の両方を実際に体験させてください。その際にスポンジがベトベトになるため、「エコな方法」から行うか、スポンジを分けて使うことをおすすめします。

一歩先へ　プラスワンポイント

【水の使用量】

　2017年度の1人1日当たりの水使用量の平均は286Lとなっている。水資源を活用するためには、水の揚水、浄水、下水および汚水処理の各段階で大量のエネルギーが必要となる。水の使用量の内訳を知り、1人ひとりができることを考えるように促しましょう。

●家庭での水の使われ方（2016年度）

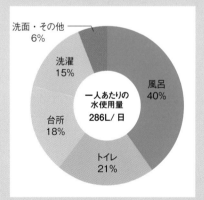

一人あたりの水使用量 286L／日
- 風呂 40%
- トイレ 21%
- 台所 18%
- 洗濯 15%
- 洗面・その他 6%

出典：東京都水道局「平成27年度　一般家庭水使用量目的別実態調査」、国土交通省「日本の水資源の現況」より作成

先生の声 油汚れを布でふきとることで、少ない水で食器洗いをすることができることを実感できた。特に、ペットボトルに入った水の量を洗う前と洗った後の量をはかるということで、水の量を意識しながら食器洗いをすることができた。

動画約2分

結果例

方法	よくある方法	エコな方法
残った水の量	0mL	300mL
使った水の量	500mL	200mL
感想	・洗っても皿がベトベトしていた。 ・いつもの洗い方は水をたくさん使っていることに気づいた。	・少し手間だが少ない水で洗える。 ・洗いおけの水が必要だが、たくさん洗い物がある場合はよいと思う。

＊4枚以上の皿がある場合は、洗いおけの水を活用した方が節水になります。

1 エコな食器洗浄に挑戦しよう

道具リストをもとに、人数に応じて準備してください。
食器用洗浄洗剤は、その都度必要な量の希釈洗剤（倍量希釈）をつくって下さい。

■道具リスト

道具	2人1組で必要なもの	チェック
食器 （皿・直径15cm程度など）	1枚	
ティースプーン	1本	
空ペットボトル （500mLサイズ）	1本	
じょうろ口	1個	
古布 （10cm×10cm）	1枚	
食器洗浄用スポンジ	1個	
ごま油＊	ティースプーン 1/2杯	
計量カップ＊	1個	
洗いおけ＊	1個	
食器洗浄用洗剤＊	1本	
ハンドタオル	1人1枚	

＊印のものは4人で1つを用意し、順番に使うよう指導してください。

■水を汚す原因

魚がすめる水質（BOD＊5mg／L）に希釈するためには大量の水が必要となることからも、できるだけ排水を汚さない工夫が大切です。

■魚がすめるようにするために必要な水の量

品名	量	風呂何杯分
トマトケチャップ	大さじ1 （15mL）	1.2
中濃ソース	大さじ1 （15mL）	3.5
サラダ油	大さじ1 （15mL）	25.5
みそ汁	お椀1杯 （200mL）	3.8
缶コーヒー（ミルク・砂糖）	コップ1杯 （180mL）	9.6
缶コーヒー（ブラック）	コップ1杯 （180mL）	0.6
日本酒	コップ1杯 （180mL）	28.5
ビール	コップ1杯 （180mL）	12.9
即席中華麺のスープ	どんぶり1杯 （200mL）	2.9
シャンプー	1回分 （6mL）	2.4
リンス	1回分 （6mL）	0.5

＊BOD（Biochemical Oxygen Demand）：生物化学的酸素要求量
出典：東京都環境局「とりもどそうわたしたちの川を海を（2008年）」より作成

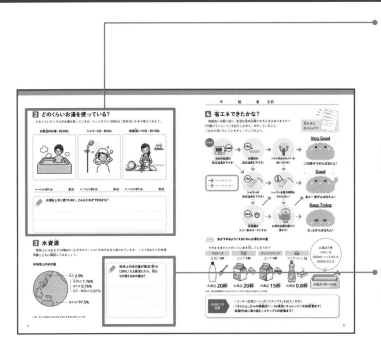

☞ 解答例
- お風呂の水量：約200L
  - →ペットボトル（500mL）　400本
- シャワー5分：50L
  - →ペットボトル（500mL）　100本
- 食器洗い10分：100L
  - →ペットボトル（500mL）　200本

☞ 解答例

✎お湯を上手に使うために、どんな工夫ができるかな？
- シャワーを使う時間を短くする。
- お風呂はさめないように続けて入る。
- 食器を洗うときに、水を出しっぱなしにしない。
- 食器を洗うときに、洗いおけを使う。
- 洗剤やシャンプーを使いすぎない。

☞ 解答例

✎地球上の水の量が風呂1杯分（300L）だとしたら私たちが使える水の量は？
$$→200（L）×1000（mL／L）×\frac{1}{10,000}$$
$$=20mL（大さじ1杯強）　※大さじ1杯=15mL$$

■上手な食器洗浄方法（P111〜112参照）

出典：新渡戸文化短期大学　荒木葉子監修「上手な食器洗浄方法ポスター」より作成

2　どのくらいお湯を使っている？

■水を使っているところと汚しているところ

	水を使っているところ	水を汚しているところ
1位	風呂	台所
2位	トイレ	トイレ
3位	台所	風呂
4位	洗濯	洗濯
5位	洗面・その他	洗面・その他

出典：東京都水道局「水の上手な使い方」、東京都環境局「とりもどそうわたしたちの川を海を（2008年）」より作成

●家庭における水を汚す原因の割合

台所からの排水が水を汚す原因になっていることがわかります。

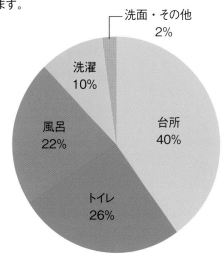

洗面・その他 2%
洗濯 10%
風呂 22%
トイレ 26%
台所 40%

出典：東京都環境局「とりもどそうわたしたちの川を海を（2008年）」より作成

先生の声　目の前の水の量ではっきり確認できたので、すぐ家庭で実践したいと話していた。使用した水量が少なければ少ないほどよいと勘違いして、活動する児童がいたため、汚れがしっかり落ちて、使う洗剤や水が少ないのがベストだと伝えた。

ステップ 4

省エネ行動にチャレンジ!!
選択体験（電気：節電実験）

学習のねらい

💡 **気づく** → たくさんの家電製品を使っていることに気づく

📖 **理解** → 消費電力や電力使用量について理解する

🚶 **実践** → 節電の工夫を考え、省エネ行動を実践する

⏰ **シートを記入しよう!** **5分** ・「メーター記録シート」の「ステップ3」の記入もれがないかどうか確認しよう
・「そらたんからの挑戦状」の「ステップ4」を記入しよう

1 消費電力を測定してみよう

実際に家電製品の消費電力（使う電気の大きさ）を測定し、電力使用量（使った電気の量）を計算してみよう。

準備するもの（1班分）

消費電力計測器 1台
延長コード 1本
ドライヤー 1台
その他測定したいもの .... 適ぎ
手まわし式 LED 懐中電灯 1本

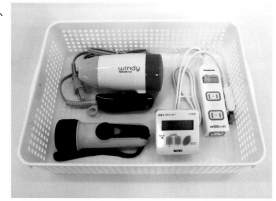

はかってみよう

❶ 延長コードをコンセントに差し込む。

❷ ドライヤーを消費電力計測器に差し込む。
延長コードのスイッチをオンにする。

❸ ドライヤーの切り替えスイッチで「温風（HOT）」、「送風（COOL）」の消費電力（W）を数字が安定したら記録する。

❹ ドライヤーのスイッチを切り、しばらくして消費電力計測器の数字が「0」になったら、延長コードのスイッチを切り、ドライヤーを消費電力計測器から取り外す。

学校にある機器や家から持ってきたものの消費電力を同じようにはかる！

年　　　組　　　番　　名前

電気をつくろう

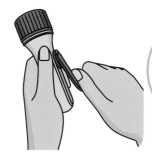

手まわし式懐中電灯の取っ手を1分間（120回）まわして電気をつけてみよう。

懐中電灯の消費電力は0.5W。ドライヤー（温風）を使うために手まわしで電気をつくるには、40時間回し続けないとならないたん！

記録しよう

家電製品名		消費電力（W） Ⓐ	1回あたりの 使用時間 （分）	1回あたりの 使用時間を 時間(h)になおす Ⓑ	1回あたりの 電力使用量 （Wh） Ⓐ×Ⓑ
ドライヤー	温風		12	0.2	
	送風		6	0.1	
手まわし式 懐中電灯		0.5	12	0.2	0.1

1回あたりの電力使用量の計算方法

W：ワット　h：時

$$消費電力（W）× \frac{使用時間（分）}{60}（h） ＝1回あたりの電力使用量（Wh）$$

分を時間に！

1時間＝60分だから60で割るたん！

①1回あたりの使用時間を「分」から「時間」になおす
　使用時間（分）÷60＝使用時間（h）

②1回あたりの電力使用量（Wh：ワット時）を計算する
　消費電力（W）× 使用時間（h）＝1回あたりの電力使用量（Wh）

（例）消費電力300W、使用時間12分の場合
　①12（分）÷60＝0.2（h）　②300（W）×0.2（h）＝60（Wh）

✏ ドライヤーを使うときだけでなく家電製品を使うときにどんな工夫ができるかな？

2 身近な家電製品の消費電力

家で使用しているものにチェック☑をしてみよう。カッコ（　）の中は消費電力（W）だよ。

大

- ☐ IHクッキングヒーター（1口の場合）（3,000W）
- ☐ 電子レンジ（1,400W）
- ☐ アイロン（1,400W）
- ☐ 電気炊飯器（1,300W）
- ☐ 温水洗浄便座（瞬間式・使用時）（1,200W）

- ☐ ドライヤー（1,000W）
- ☐ オーブントースター（1,000W）
- ☐ そうじ機（1,000W）
- ☐ エアコン（6畳用〜15畳用）（450〜1,100W）
- ☐ 電気ポット（沸とう時）（800W）

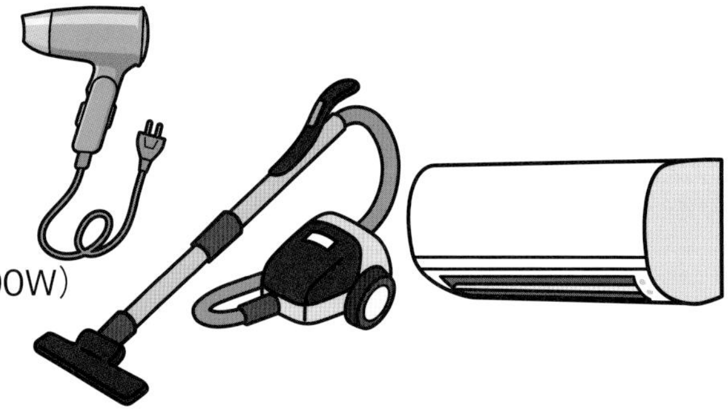

小

- ☐ 洗濯機（400W）
- ☐ 冷蔵庫（200〜300W）
- ☐ 照明（蛍光灯）（100W）
- ☐ 液晶テレビ（50W）
- ☐ 照明（LED電球）（8W）

> 消費電力が大きいものはどんなもの？
> 長い時間使っているものはどんなもの？

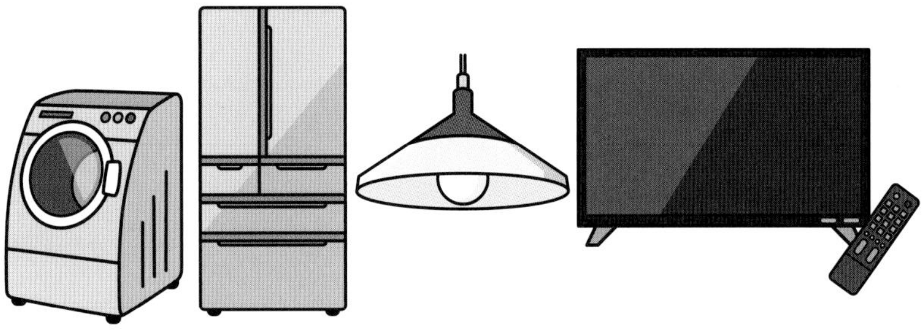

出典：東京都環境局「家庭の省エネハンドブック（2017年）」より作成

✏ **この図から分かることはなんだろう？**

年　　組　　番　　名前

③ 省エネできたかな?

消費電力測定を振り返り、生活も含め応用できる工夫はありますか?
「行動プランシート」を記入しながら、今やっていること、
これから行いたいことをチェックしてみよう。

忘れずに
記入しよう!

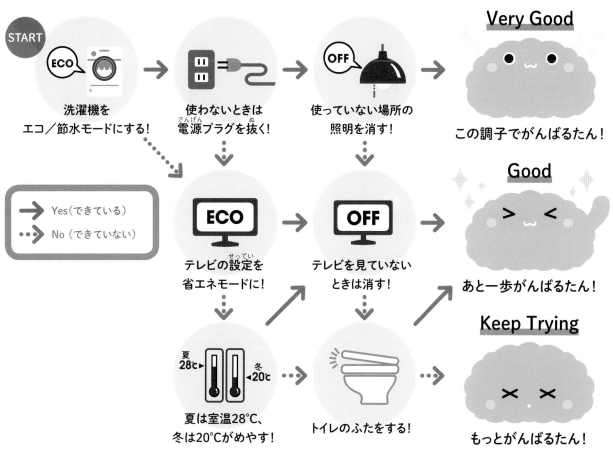

START
洗濯機を
エコ／節水モードにする!

使わないときは
電源プラグを抜く!

使っていない場所の
照明を消す!

Very Good
この調子でがんばるたん!

→ Yes(できている)
⇢ No (できていない)

テレビの設定を
省エネモードに!

テレビを見ていない
ときは消す!

Good
あと一歩がんばるたん!

Keep Trying

夏28℃ 冬20℃
夏は室温28℃、
冬は20℃がめやす!

トイレのふたをする!

もっとがんばるたん!

豆知識　**待機時消費電力とは**

コンセントにつないでいるだけで使ってしまっている電力を待機時消費電力というよ。
一家庭あたりの平均待機電力量は年間228kWh(電気料金換算で約6,000円)で
全消費電力量の約5%にもなるんだ。
ここにある3つのステップに順番に取り組むと、待機時消費
電力を半分に減らすことができるよ。

step 1
省エネモードがある機器は
省エネモードに設定する

step 2
使わないときは、
機器本体の
主電源スイッチを切る

step 3
使わないときは
プラグを抜くようにする

ここまで
できると
半分に!

出典:資源エネルギー庁「平成24年度エネルギー使用合理化促進基盤整備事業(待機時消費電力調査)報告書概要」より作成

次回までの宿題	・「メーター記録シート」の「ステップ4」を記入 (本日) ・「そらたんからの挑戦状」1~16項目にチャレンジ (次回授業まで) ・新聞作成に取り組む (ステップ5の授業まで)

省エネ行動にチャレンジ!!（電気：節電実験）

展開事例（45分）　※デジタル教材「ステップ4」を併せて活用しましょう。

	学習活動	指導上の留意点と支援
導入 **5分**	・ メーター記録シートの記録を確認する。 ・ そらたんからの挑戦状を記入する。 ・ 本授業の流れを理解する。	・ メーター記録シートが記録できているかどうかペアで確認させる。 ・ そらたんからの挑戦状の「ステップ4」を記入させる。 ・ 授業の流れを説明する。
展開 **35分**	### 持続可能な社会のために自分たちができることはなんだろう？ **1 消費電力を測定してみよう** ・ 班ごとに分かれ、実験の説明を聞き、内容と手順を理解する。 ・ 道具をそろえ、協力して実験を行い、結果をワークシートに記入する。 ・ 電気をつくることの大切さを理解する。 ・ 結果から、自分の生活を振り返り、無駄をなくす方法を考える。 [グループ検討→全体共有]　　　　　　（20分） **2 身近な家電製品の消費電力** ・ 家で使用している家電製品にチェックをし、消費電力が多いものと少ないものを理解する。分かったことをワークシートに書き出す。 [個人検討→全体共有]　　　　　　　　（5分） **3 省エネできたかな？** ・ 行動プランシートを記入しながら今日から取り組む省エネ行動（節電）について考える。 [個人検討] ・ グループの中で発表する。 [グループ検討]　　　　　　　　　　　（10分）	・ 実験器具を各班に1セットずつ配布しておく。 ・ 実験方法を説明する。 ・ 各班に必要な支援を行う。 ※実験方法を理解しているか。 ・ 手まわし式懐中電灯の点灯を通して、電気をつくることの大変さを理解させる（120回まわして点灯したままにする。たくさんまわすと当分点灯が消えないが、大変さを実感させることが大切）。 ・ 実験の結果から、生活の中で、ドライヤーだけでなく他の機器（冷暖房・照明の使い方を含め）を使うときにどんな工夫ができるか話し合いをさせる。温風と送風を比べ、熱をつくるのにはたくさんのエネルギーが必要なことを理解させる。 ・ 家でどの家電製品を使っているかを確認させ、消費電力の大きさを理解させる。分かったことをワークシートに記入させる。 ・ 行動プランシートを記入させる。 ・ これからの生活の中で自分が実践できる、省エネ行動を宣言させる。
まとめ **5分**	・次回までの宿題を確認する。 ・新聞作成課題が進んでいるかどうかを確認する。 ※豆知識は時間がある場合のみ行います。	・ メーター記録シート（ステップ4）の記入を指示する。 ・ そらたんの挑戦状（未達成分）に取り組むように声をかける。 ・ 新聞作成課題の締め切りを周知する。

「ステップ4（電気：節電実験）」（P57～60）対応

学習のねらい	気づく	たくさんの家電製品を使っていることに気づく
	理 解	消費電力や電力使用量について理解する
	実 践	節電の工夫を考え、省エネ行動を実践する

ステップ4（電気：節電実験）ワークシート（PDF）

児童・生徒用ワークシート　ダウンロードはこちら　➡　http://www.kairyudo.co.jp/kyokara61

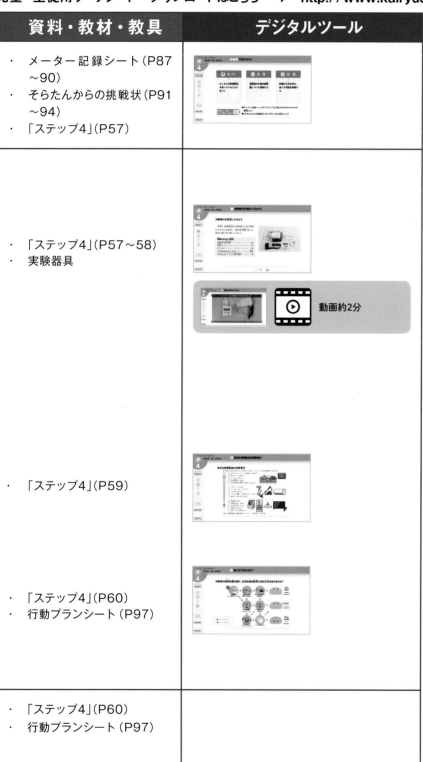

資料・教材・教具	デジタルツール
・ メーター記録シート（P87～90） ・ そらたんからの挑戦状（P91～94） ・ 「ステップ4」（P57）	
・ 「ステップ4」（P57～58） ・ 実験器具	動画約2分
・ 「ステップ4」（P59）	
・ 「ステップ4」（P60） ・ 行動プランシート（P97）	
・ 「ステップ4」（P60） ・ 行動プランシート（P97）	

※中高生で行う場合は、下記学習内容も授業に加えてください。

一歩先へ　プラスワンポイント

【消費電力と電力使用量の違い】

　その時々の発電や電気の消費の大きさのことを消費電力（kW※：キロワット）と言い、グラフの高さで表すことができます。使った電気の量を知るときには、電力使用量（kWh：キロワット時もしくはキロワットアワー）といって、グラフの面積で示すことができます。

※1kW=1,000W

消費電力(kW)×時間(h)=電力使用量(kWh)

●電力の1日の消費パターンから見る消費電力と電力使用量

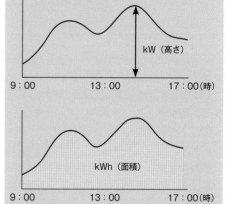

出典：資源エネルギー庁「省エネポータルサイト」より作成

一歩先へ　プラスワンポイント

【実験してみよう】

　中高生で実験する場合には、学校の中にある様々な電化製品を探して測定してみるとよいでしょう（P63「その他の家電製品の消費電力例」参照）。

教師用解説

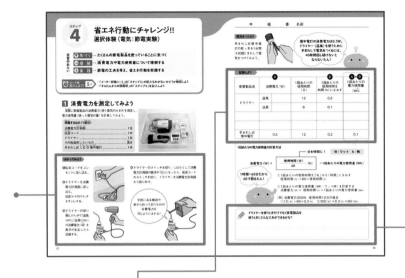

動画約2分

1 消費電力を測定してみよう

■消費電力計測器の取り扱い

（1）接続方法

消費電力計測器を延長コードに差し込み、電気器具を計測器につなげて使用します。

（2）測定モード

初期設定は「消費電力モード」のことが多いですが、機器によって異なるためご確認ください。他のモードになっている場合は、液晶表示が「消費電力」と表示されるまで何回かボタンを押してモードを変更してみてください。

〈参考〉モード例

ボタンを押すと次の順番でモードが切り替わります。

①消費電力　→　②積算使用時間　→　③積算電気料金　→　④1時間あたりの料金　→　⑤積算使用電力量　→　⑥積算CO$_2$排出量　（→①に戻る）

（3）その他

液晶が満足に表示されない、ボタンを押しても切り替わらない等不都合が発生した時は、「RESET」ボタンを押すなどしてみてください。初期表示に戻ることが多いです。

それでも復旧しない（「RESET」ボタンを押しても反応しない）場合は、計測器を一度コンセントからはずし、30秒程度待ってから再度コンセントに差し込んでみてください。

☞ 結果例

実測した数値を基に、下記の計算式を使って計算します。

電力使用量の計算方法

分を時間（h）に！

消費電力（W）× 使用時間（分）／60（分／h）＝電力使用量（Wh）

記録シートにある家電製品の消費電力量

家電製品名		消費電力 （W）	1回あたりの 使用時間 （分）	1回あたりの 電力使用量 （Wh）
ドライヤー	温風	1,100	12	220
	送風	120	6	12

※1回あたりの電力使用量は、小数点以下を四捨五入しています。
出典：東京家政大学調べ

その他の家電製品の消費電力例

家電製品名	消費電力 （W）	1回あたりの 使用時間 （分）	1回あたりの 電力使用量 （Wh）
電気スタンド(蛍光灯)	12	120	24
電動鉛筆削り	50	1	1
白熱電球	60	300	300
LED電球	8	300	40
テレビ	50	180	150
パソコン	100	120	200
携帯電話の充電器	10	120	20
冷蔵庫	250	1,440	6,000
電子レンジ	1,400	10	233

※1回あたりの電力使用量は、小数点以下を四捨五入しています。
出典：東京家政大学調べ

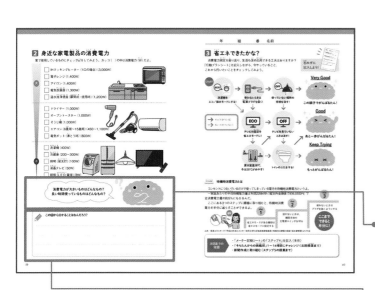

✎家電製品を使うときにどんな工夫ができるかな？

・待機時消費電力が減らせるよう、コンセントから抜いたり、タップ付きのコンセントにする。
・使っていない電化製品のプラグを抜く。
・使っていない場所の照明を消す。
・テレビを見ていないときは消す。
・ポットや炊飯器の保温機能はできるだけ使わないようにする。
・家電製品を買い替えるときは省エネ性能の高いものを選択する。
・洗たくものはできるだけまとめ洗いする。
・夏場は温水便座の暖房を切る。

☞ 解答例

✎消費電力が大きいものはどんなもの？
　長い時間使っているものはどんなもの？

・IHクッキングヒーター、電子レンジ、アイロン、電気炊飯器など熱を使うものは消費電力が大きい。
・冷蔵庫は電力使用量は小さいが365日・24時間使っている。
・照明器具のように目的は同じでも蛍光灯とLEDのように電力消費量が大きいものと小さいものがある。

☞ 解答例

✎この図から分かることは何だろう？

・消費電力量は大きいが使用時間が短いものがある。
・消費電力量は小さいが冷蔵庫のように365日使っているものがある。
・照明器具のように目的は同じでも蛍光灯とLEDのように電力消費量が大きく異なる機器がある。
・なるべく省エネ機器を選ぶ方が良い。
・使用時間を短くすることが節電につながる。

2 身近な家電製品の消費電力

■家電製品の消費電力

消費電力の大きい機器は一時的に消費電力を押し上げてしまいます。そこで、後述するピークカット、ピークシフト対策として、電力消費のピーク時には下記の手段を取ることが求められています。

カット（減らす）	消費電力を減らす（家電製品を省エネモードに変更。使わないときはプラグをコンセントから抜く）。
シフト（ずらす）	電気使用量が多い時間帯を避ける。消費電力の大きい家電製品の同時使用を避ける。
チェンジ（切替える）	他の方法に切り替える（省エネ製品への買い替えや太陽光発電など自然エネルギーの利用）。

出典:東京都環境局「家庭の省エネハンドブック2017」より作成

■ピークカットとピークシフト

ピークカットとは、電力需要のピークを低く抑えるように消費電力を制御することをいいます。ピークシフトとは、ピーク時の電力使用量を別の時間帯にシフトさせることをいいます。例えば、ピーク時に太陽光発電や家庭用燃料電池（エネファーム）で自家発電した電気を使用することで、電力供給全体のピークの平準化につなげられます。また、デマンドレスポンス※等で消費電力を制御することも、ピークカット／ピークシフトに有効な手段だと考えらます。

※デマンドレスポンス：消費者が需要量を変動させて電力の需給バランスを一致させること。

3 省エネできたかな？

実験のまとめが早く終わった児童には、「省エネできたかな？」チャートや豆知識を確認するようご指導ください。

4 省エネ行動にチャレンジ!!
選択体験（全般：省エネ行動トランプ）

学習のねらい

💡 **気づく** ── わたしたちの日常生活と省エネ行動とのかかわりに気づく

📖 **理解** ── 省エネ行動により、使うエネルギーが減ることを理解する

🚶 **実践** ── 生活の中で取り組める行動を実践する

⏰ **シートを記入しよう！** **5分**
・「メーター記録シート」の「ステップ3」の記入もれがないかどうか確認しよう
・「そらたんからの挑戦状」の「ステップ4」を記入しよう

1 たくさんあるね！省エネ行動

省エネ行動トランプをテーブルに広げて、
どんなカードがあるのか見てみよう。

トランプ1枚に
1つの省エネ行動

5 ♥ 冷暖房は必要な時だけつける
Use only as needed
ON&OFF
¥5,600 / 146kg

A ♠ 1つの鍋で一緒にゆでる
Boil together in one pot
¥1,200 / 21kg

8 ♦ 洗濯機をエコ／節水モードにする
Do laundry with "eco" mode
ECO
¥2,200 / 5kg

お金がたまるたん！

この行動を1年間すると節約できる金額

この行動を1年間すると減らせる
二酸化炭素（CO_2）排出量

CO_2が多いのはこまるたん！

2 省エネ行動トランプで七並べをしよう

省エネ行動トランプを使って七並べをして、暮らしの中で
どんな省エネ行動ができるか、自分の暮らしを振り返りながら、
省エネ行動の効果を確認しよう。

リーダー

遊んでみよう

❶ グループ（4〜5人）ごとに分かれ、じゃんけんで
「リーダー」を決める。「リーダー」は、JOKER
（ジョーカー）2枚を含めた全部のカードをよく
切って、人数分を裏向きで均等に配る。

❷ 「7」のカードを持っている人は、カードに書
かれている内容を読み上げながら、場に出す。

❸ リーダーから、時計周りで7の隣のカード（6また
は8）から、内容を読み上げながら場に出す。
早くカードがなくなった人が勝ち。

リーダー

同じマークの
隣り合ったカードしか
出せない。
出せるカードがないときは
「パス」となる。
（パスは3回まで）

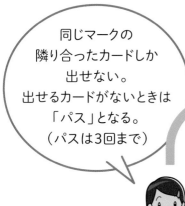

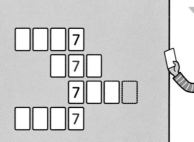

ジョーカーは
いつでも出せる。

ジョーカーが
置かれたところの
カードを持っている人は、
ジョーカーはそのままにし、
順番とは別に、
ジョーカーの上に
そのカードを出す。

ジョーカーで
あがることは
できない。

❸ どんな規則で並んでいるかな?

七並べが終わったら、カードが並んだ状態で並び順や分類を確認しよう。

マークごとの違い

トランプのマークと行動を線で結ぼう

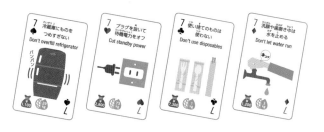

♠・ • バスルームなど水まわりでできること

♥・ • キッチンでできること

♣・ • リビングでできること

♦・ • 生活の中でできること

カードに書いてあるエネルギー

それぞれのカードに書かれているのは、どんなエネルギーかな?

JOKER
....

K ♠
....

K ♥
....

K ♣
....

K ♦
....

カードの並び順

AからKまでのカードはどんな順番に並んでいるかな?

....

....

....

どんなことがわかったかな?書いてみるたん!

4 省エネできたかな？

省エネ行動トランプを振り返り、生活も含め応用できる工夫はありますか？
「行動プランシート」を記入しながら、今やっていること、
これから行いたいことをチェックしてみよう。

忘れずに
記入しよう！

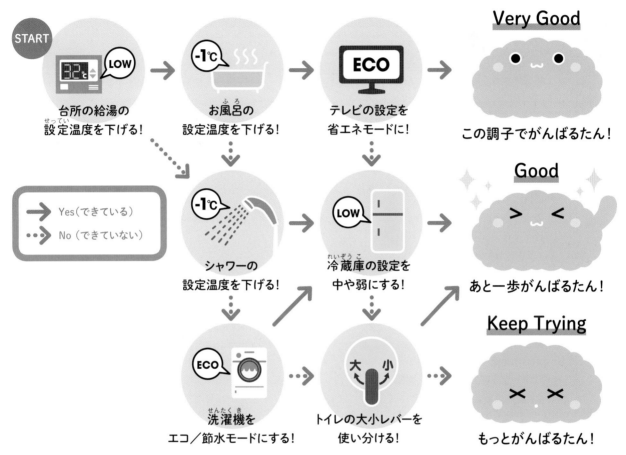

豆知識　クールビズとウォームビズ

クールビズとは

過度な冷房に頼らず様々な工夫をして夏を快適に過ごすライフスタイルのことです。軽装など涼しく過ごす工夫をして熱中症に気をつけつつ無理のない範囲で冷やしすぎない室温管理をしましょう。

ウォームビズとは

過度な暖房に頼らず様々な工夫をして冬を快適に過ごすライフスタイルのことです。洋服や生活を工夫をし暖房を弱めることで、光熱費を効果的に節約でき、CO_2削減につながります。

COOLBIZ

WARMBIZ

出典：環境省「COOLCHOICE」サイトより作成

出典：環境省「COOLCHOICE」サイトより作成

次回までの宿題	・「メーター記録シート」の「ステップ4」を記入（本日） ・「そらたん」からの挑戦状1〜16項目にチャレンジ（次回授業まで） ・新聞作成に取り組む（ステップ5の授業まで）

教師用指導案　▶ 課題解決に向けた実践活動

省エネ行動にチャレンジ!!（全般：省エネ行動トランプ）

展開事例（45分）　※デジタル教材「ステップ4」を併せて活用しましょう。

	学習活動	指導上の留意点と支援
導入 5分	・ メーター記録シートの記録を確認する。 ・ そらたんからの挑戦状を記入する。 ・ 授業の流れを理解する。	・ メーター記録シートが記入できているかペアで確認させる。 ・ そらたんからの挑戦状の「ステップ4」を記入させる。 ・ 授業の流れを説明する。
展開 35分	**持続可能な社会のために自分たちができることはなんだろう？** **1 たくさんあるね！省エネ行動** ・ 省エネ行動トランプに書かれている省エネ行動を確認する。 　［全体共有］　　　　　　　　　　　（5分） **2 省エネ行動トランプで七並べをしよう** ・ リーダーを決め、カードをよく切って、人数分に配布する。 ・ ルールを理解する。 ・ グループで省エネ七並べを実施する。 　［全体共有→グループ作業］　　　　（20分） **3 どんな規則で並んでいるかな？** ・ 終了したら、並べたトランプを見ながら、規則性について話し合い、ワークシートに記入する。 　［全体共有→グループ作業］　　　　（5分） **4 省エネできたかな？** ・ 今日から取り組む省エネ行動をトランプカードの中から選び、行動プランシートを記入する。 ・ グループの中で発表する。 　［個人検討→グループ検討］　　　　（5分）	・ 省エネ行動トランプに書かれている内容を確認させる。 ・ 4人（または5人）の班を作るように指示をし、省エネ行動トランプを各班に一つ配布する。 ・ 省エネ行動トランプを使った七並べのルールを説明する。 ・ 各班に必要な支援を行う。 ・ ルールを理解しているか。 ・ カードを出すときに、省エネ行動を読み上げているか。 ・ 終了した班には、カードをそのまま並べておくよう指示し、省エネ行動トランプの規則性を考えさせる。 ・ 行動プランシートを記入させる。 ・ これからの生活の中で自分が実践できる、省エネ行動を宣言させる。
まとめ 5分	・ 次回までの宿題を確認する。 ・ 新聞作成課題が進んでいるか確認する。 ※豆知識は時間がある場合のみ行います。	・ メーター記録シート（ステップ4）の記入を指示する。 ・ そらたんの挑戦状（未達成分）に取り組むよう声をかける。 ・ 新聞作成課題の締め切りを周知する。

学習のねらい	気づく	わたしたちの日常生活と省エネ行動とのかかわりに気づく
	理解	省エネ行動により、使うエネルギーが減ることを理解する
	実践	生活の中で取り組める行動を実践する

ステップ4（全般：省エネ行動トランプ）ワークシート（PDF）

児童・生徒用ワークシート　ダウンロードはこちら　➡　http://www.kairyudo.co.jp/kyokara69

資料・教材・教具	デジタルツール
・ メーター記録シート（P87〜90） ・ そらたんからの挑戦状（P91〜94） ・ 「ステップ4」（P65）	
・ 「ステップ4」（P65） ・ 省エネ行動トランプ（P127） ※別途購入が必要となります。	
・ 「ステップ4」（P66） ・ 省エネ行動トランプ	
	動画約2分
・ 「ステップ4」（P67）	
・ 「ステップ4」（P68） ・ 行動プランシート（P97）	
・ 「ステップ4」（P68） ・ 行動プランシート（P97）	

※中高生で行う場合は、下記学習内容も授業に加えてください。

一歩先へ ▶ プラスワンポイント

【省エネ行動トランプ】
　トランプカード40枚（ジョーカーとK、Q、Jを除く）のCO_2削減量を全部足すと、2,410kgのCO_2削減につながります。
　2016年に発行したパリ協定をもとに日本は2030年度までに2013年度と比べて26%の温室効果ガス（CO_2など）の削減を目指しています。このためには家庭からのCO_2を約40%減らす必要があります。

カードに記載された内容

	CO_2削減量（kg）	節約金額（円）
♠	290	13,700
♥	454	19,300
♣	1,323	44,300
♦	301	23,500
計	2,410	103,200

出典：開隆堂「省エネ行動トランプ」

一歩先へ ▶ プラスワンポイント

【「省エネさん」をゲームに加える】
❶基本的には七並べと同じですが、「省エネさん」（実際にはいませんが）もゲームに参加します。
　省エネさんの分のカードも配り、表向きに並べて下さい。
❷省エネさんの番になったら、省エネさんが出すカードを他の人たちで代わりに出してください。省エネさんは省エネなので、より効果の高いカードから出してあげてください。出す順番は、「JOKER（ジョーカー）」⇒「キング」⇒「年間CO_2削減量（または節約金額）の数字の大きいカードです。

※ジョーカーとキングには、金額とCO_2削減量は書かれていません。
❸早くカードがなくなった人が勝ちです。

出典：開隆堂「省エネ行動トランプ」

先生の声　七並べのルールを知らない子どももいたが、ルールが簡単に説明されていたので、スムーズに行うことができた。とても楽しかったようで、何回もやりたいと言っていた。楽しみながらたくさんの省エネ行動を知ることができた。休み時間にもやっていた。

教師用解説

動画約2分

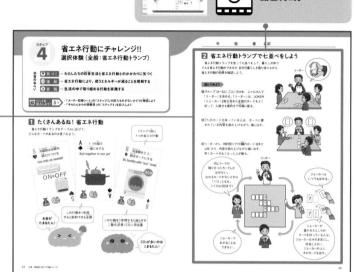

■普通の七並べと違う点

　カードを場に出すときにカードの文言を読み上げます。読み上げることで、計53種類の省エネ行動に気づき、リマインド（思い出させる・連想させる）効果があるだけでなく、読み上げることと読み上げを聞くことで実行力が高まります。

1　たくさんあるね！省エネ行動

■住宅用照明の省エネ比較

　白熱電球、蛍光灯電球はイニシャルコスト（初期導入費用）は安いが、ランニングコスト（維持・運用費）で比較するとLED（Light Emitting Diode：発光ダイオード）電球が省エネであり、今後LED電球への移行が期待されています。

●白熱電球・蛍光灯電球・LED電球のコスト比較

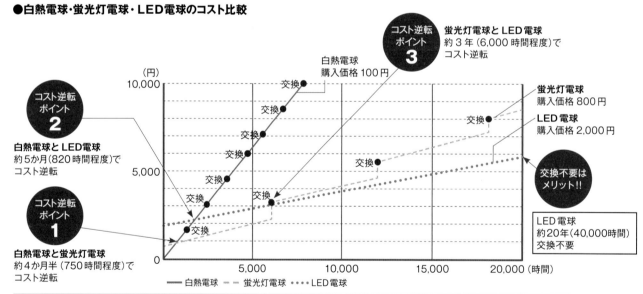

	LED電球	蛍光灯電球	白熱電球
価格（円）	1,000～3,000	700～1,200	100～200
寿命（時間）	40,000	6,000～10,000	1,000
エネルギー効率（lm/W）	90（850lm、9.4W）	68（810lm、12W）	15（810lm、54W）

※lm/Wは、1W（ワット：電気の単位）当たりのlm（ルーメン：照明器具そのものの明るさ）を表す。値が大きい方が省エネ性が高い。
出典：経済産業省　総合資源エネルギー調査会　省エネルギー・新エネルギー分科会省エネルギー小委員会　照明器具等判断基準ワーキンググループ
最終取りまとめ（平成25年9月27日）より作成

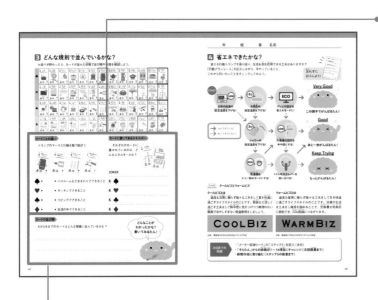

☞ 解答例

✏ カード並び順の規則性

- 「7」を中心に数字が小さくなる程、習慣性の高い行動
- 緑で囲った部分は、省エネ機器への買い替え促進
- 赤で囲った部分は、再生可能エネルギー（太陽光や風力など自然界に存在するエネルギーで、永続的に使用できるもの）
- トランプ全部（KとJOKERを除く）のCO_2削減量（1,669kg）は日本の目標値40％削減（1,236kg）に役立ちます。

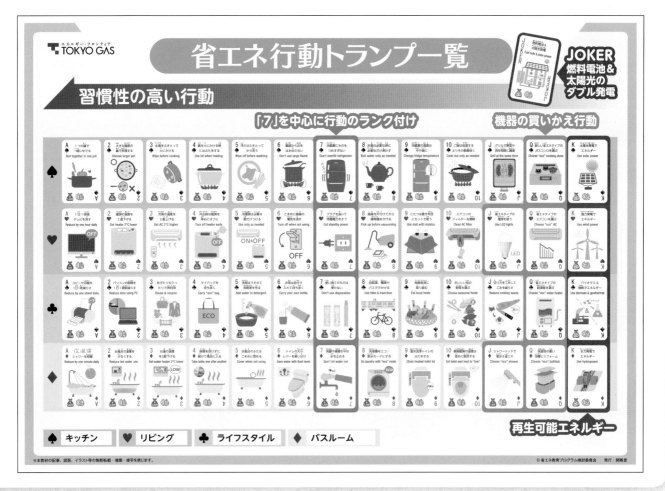

先生の 声 とても楽しそうに体験学習に取り組んでいた。トランプに書いてある行動を読み上げることにより、よく頭に入り、新たな発見もあってよかった。行動プランシートの発表をさせたかったが、記入するのみで、発表するところまでいかなかった。

72

ステップ 5 持続可能な社会に向けて発信するぞ!

学習のねらい

💡 **気づく** → 作成した新聞を発表し、自分たちにできることに気づく

📖 **理　解** → 電気・ガス・水道の使用量から省エネ行動効果を理解する

🚶 **実　践** → これまで学んだことを振り返り、行動プランを見直す

⏰ **シートを記入しよう!** 5分 ・「メーター記録シート」の「ステップ4」の記入もれがないかどうか確認しよう
・「そらたんからの挑戦状」の「ステップ5」を記入しよう

1 新聞を発表しよう

　自分の作った新聞について、どんなテーマを選んだかと編集後記を中心に発表しよう。さらに、全員分を教室に掲示し、1人2票持って投票し、優秀賞を決めよう。

投票のポイント
❶ 問題をほり下げて書けているかな?
❷ 自分でも省エネ行動に取り組んでいるかな?
❸ 伝える工夫ができているかな?

発表

投票

優秀作品決定
新聞作成例

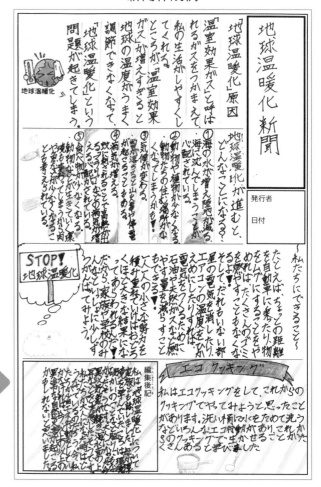

quick

2 データを見て考えよう

わたしたちの消費行動が環境におよぼす影響が大きいことが分かったね。Aさんとあなたの結果を比較して、気づいたことを書いてみよう。

—●— Aさん（4人世帯）	—▲— Bさん（3人世帯）	—■— Cさん（3人世帯）

💡 1日あたりの電気使用量（kWh）

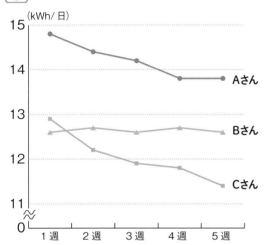

♨ 1日あたりのガス使用量（m³）

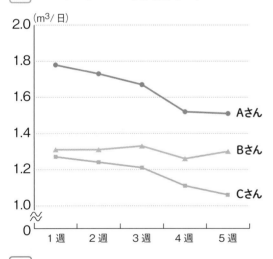

💧 1日あたりの水道使用量（m³）

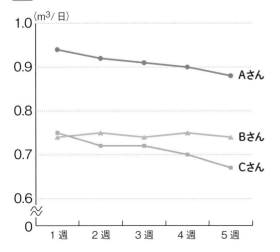

✏ 気づいたことを書いてみよう。

3 そらたんからの挑戦状

そらたんからの挑戦状16項目のうちいくつできるようになったかな？

分類		省エネ行動	4人世帯の1年間の CO₂削減量 (kg)	4人世帯の1年間の 節約金額 (円)	チェック
機器の設定	1	台所の給湯の設定温度を下げる！	20	1,100	
	2	お風呂の設定温度を下げる！	29	1,600	
	3	シャワーの設定温度を下げる！	33	1,800	
	4	洗濯機をエコ／節水モードにする！	4	2,100	
	5	使わないときは電源プラグを抜く！	73	3,000	
	6	冷蔵庫の設定を中や弱にする！	40	1,600	
	7	テレビの設定を省エネモードに！	18	700	
	8	夏は室温28℃、冬は20℃がめやす！	147	7,000	
毎日の行動	9	使っていない場所の照明を消す！	16	600	
	10	テレビを見ていないときは消す！	11	400	
	11	トイレの大小レバーを使い分ける！	3	1,600	
	12	トイレのふたをする！	23	900	
	13	シャワーを使う時間を5分以内に！	67	4,500	
	14	お風呂のふたはこまめに閉める！	45	2,400	
	15	お湯は必要な量だけ沸かす！	53	1,500	
	16	鍋にふたをする！	11	600	
		合計	593	31,400	個

出典：東京ガス株式会社「ウルトラ省エネブック」(2021年1月)より作成　※1年間のCO₂削減量、節約金額は4人家族の場合のめやすです。

13個以上

超クールなレベル

最大31,400円の節約を目指そう。継続は金なり。周りに節約アイデアを広めるともっとアイデアが集まってくるよ。

9個以上

クールなレベル

まだ1年間で、10,000円以上節約の余地あり。節約マスターを目指して、徹底的に省エネを実践しよう。

5個以上

普通のレベル

このままだとお金を捨てているようなもの。まずはできるところから1つずつ。家族も巻き込んで実践しよう。

4 これからの住まい

ちょっと先の未来の家はどんなふうになっているかな？
それぞれの機器にはどんな役割があるんだろう？

いろいろな技術を組み合わせて、ネットワークでつながっているよ

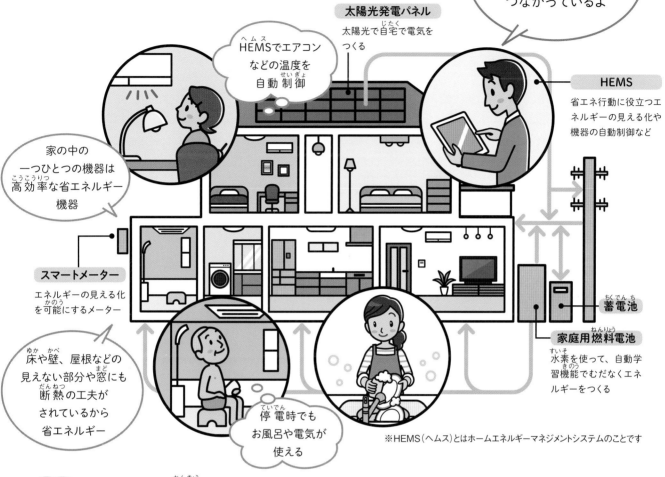

太陽光発電パネル
太陽光で自宅で電気をつくる

HEMSでエアコンなどの温度を自動制御

HEMS
省エネ行動に役立つエネルギーの見える化や機器の自動制御など

家の中の一つひとつの機器は高効率な省エネルギー機器

スマートメーター
エネルギーの見える化を可能にするメーター

蓄電池

家庭用燃料電池
水素を使って、自動学習機能でむだなくエネルギーをつくる

床や壁、屋根などの見えない部分や窓にも断熱の工夫がされているから省エネルギー

停電時でもお風呂や電気が使える

※HEMS（ヘムス）とはホームエネルギーマネジメントシステムのことです

📖 豆知識　**知っておきたい環境クイズ**

自分は環境のことについてどのくらい知ることができたのかクイズに答えて確かめてみよう

Q1 　電気クイズ 　いちばん電気を多く使っているのは？
1. 家電・照明　　　2. 暖房　　　3. 冷房

Q2 　ガスクイズ 　鍋にふたをするとどれくらいガスの使用量を減らせる？
1. 約5%　　　2. 約10%　　　3. 約30%

Q3 　水クイズ 　私たちが1日に使う水の量は、1人あたり何リットル？
1. 約50L　　　2. 約300L　　　3. 約500L

ぼくもやっているたん！

解答／Q1:1　Q2:3　Q3:2

次回までの宿題
・「メーター記録シート」の「ステップ5」を記入（本日）
・そらたんからの挑戦状1〜16項目にチャレンジ（次回授業まで）
・次回の授業の前までに「メーター記録シート」の「ステップ6」記録（授業1〜2日前）

ステップ5 教師用指導案 ▶実践活動の評価・改善◀

持続可能な社会に向けて発信するぞ!

展開事例（45分）　※デジタル教材「ステップ5」を併せて活用しましょう。

	学習活動	指導上の留意点と支援
導入 5分	・ メーター記録シートの記録を確認する。 ・ そらたんからの挑戦状を記入する。 ・ 授業の流れを理解する	・ メーター記録シートが記入できているかペアで確認させる。 ・ そらたんからの挑戦状の「ステップ5」を記入させる。 ・ 学習の流れを説明する。
展開 35分	**持続可能な社会をつくるために何をどう伝えたらいいのか?** **1 新聞を発表しよう** ・ 新聞を完成させ、どういうテーマを選んだかと編集後記を中心に発表する（発表の時間がとれない時は、全員分を机上に掲示し1人2票投票し優秀賞を決める）。 ［全体共有］　　　　　　　　（15分〜35分） ※以下の学習は時間があるときのみ導入する 時間が足りない場合はステップ6の授業時に実施してもよい **2 データを見て考えよう** ・ ワークシートの3人の計測値と自分の計測値を比較して気づいたことを書き出す。 ・ これからどのようなライフスタイルを選択するか検討する。 ［個人検討→全体共有］　　　　　　（10分） **3 そらたんからの挑戦状** ・ 省エネ行動が家計にどのような影響を与えるか考える。 ・ そらたんからの挑戦状を記入し、現時点でできていない項目について、実施できない理由を考える。 ［全体共有］　　　　　　　　　　（5分） **4 これからの住まい** ・ これからの住まいの在り方や技術、省エネルギーについて理解し、省エネで健康に暮らすための理想とする未来の暮らしについて考える。 ［全体共有］　　　　　　　　　　（5分）	・ 新聞を発表し、お互いの理解を深めるとともに、自分の省エネ行動をコミットメントする （1人30秒以内を目安とする）。 ・ 投票には付箋を使い、優秀賞をクラスで上位3つ選ぶ。 ・ 今までの授業を振り返らせ、家庭の電気・ガス・水の使用量がどのくらい減ったかを確認させる。 ・ 省エネ行動は節約になり、家計に影響を与えることを理解させる。そらたんからの挑戦状を記入させる。 ・ 自分たちの行動と合わせて住環境も変化してきていることを気づかせる。 ・ どんな省エネ機器が家の中で活躍するか、見える化が与える影響、燃料電池などの技術についてヒントを出し、省エネで健康に暮らすための自分の理想とする未来の暮らしを考え、どんな技術があったらいいか、これから何が必要か考えさせる。
まとめ 5分	・ 次回までの宿題を確認する。 ・ 今回のみ、本日と次回授業前日に計測があることを確認する。 ※豆知識は時間がある場合のみ行います。	・ 今回のみ、本日（もしくは明日）と次回授業前日（もしくは当日）に計測することを念を押す。 ・ そらたんからの挑戦状（未達成）に取り組むよう声をかける。

学習のねらい		
	気づく	作成した新聞を発表し、自分たちにできることに気づく
	理 解	電気・ガス・水道の使用量から省エネ行動効果を理解する
	実 践	これまで学んだことを振り返り、行動プランを見直す

ステップ5ワークシート（PDF）

児童・生徒用ワークシート　ダウンロードはこちら　➡　http://www.kairyudo.co.jp/kyokara77

資料・教材・教具	デジタルツール
・ メーター記録シート（P87〜90） ・ そらたんからの挑戦状（P91〜94） ・ 「ステップ5」（P73）	
・ 「ステップ5」（P73） ・ 付箋（1人2枚）	
・ 「ステップ5」（P74） ・ メーター記録シート	
・ 「ステップ5」（P75） ・ そらたんからの挑戦状（P91〜94）	
・ 「ステップ5」（P76）	
・ 「ステップ5」（P76）	

※中高生で行う場合は、下記学習内容も授業に加えてください。

一歩先へ　プラスワンポイント

【これからの住まい】

　ソーシャルネットワーキングサービス（SNS）に代表される情報通信技術（ICT）の発展は、スマートフォンの普及を通して子どもたちの生活を変えつつあります。さらに、IoT（モノのインターネット）やビッグデータ、AI（人工知能）などの発展は、今後の社会の仕組みや家自体も大きく変えていくことになるでしょう。

　ちょっと先の未来の家では、様々な技術を組み合わせて、ネットワークでつながることで無駄なく使う工夫ができるようになります。

●キーワード

スマートエネルギー ネットワークシステム
都市ガス・電気などのネットワークと、高効率コージェネレーション（＊）・燃料電池などの分散型エネルギー、太陽光・太陽熱などの自然エネルギーを組み合わせ、さらに排熱など、いままで使われていなかった未利用エネルギーも活用し、ICT（情報通信技術）を使って地域全体でエネルギーをネットワーク化し、効率よく利用するシステムを指す。 （＊）コージェネレーション：熱源より電気と熱を供給するシステム

ネット・ゼロ・エネルギー・ ハウス（ZEH）
住宅の断熱性能を高め、省エネ機器（家庭用燃料電池など）や再生可能エネルギー（＊）活用機器（太陽光発電、太陽熱温水器など）を上手に取り入れ、一次エネルギーの年間消費量より、住宅でつくり出したエネルギーの方が多い、もしくはその差が正味（ネット）、ゼロになる住宅を指す。 （＊）再生可能エネルギー：太陽光や太陽熱、水力、風力、バイオマス、地熱などエネルギー源として永続的に利用することができる環境負荷の少ないエネルギー

先生の声 新聞は、1人30秒で調べたことと編集後記を中心に発表させると良い。 他の生徒の新聞を見ることによって、より多くの知識を身につけることができたと思う。
「そらたんからの挑戦状」はデジタル教材を使って、代表児童の結果でシミュレーションするのがおすすめ。

ステップ5 教師用解説

1kWh（キロワット時）＝1000Wh（ワット時）

1m³（立方メートル）＝1000L（リットル）

2 データを見て考えよう

■グラフに示した使用量データ
●1日あたりの電気使用量（kWh）

	Aさん	Bさん	Cさん
1週	14.8	12.6	12.9
2週	14.4	12.7	12.2
3週	14.2	12.6	11.9
4週	13.8	12.7	11.8
5週	13.8	12.6	11.4
削減率※	7%	0%	12%

●1日あたりのガス使用量（m³）

	Aさん	Bさん	Cさん
1週	1.78	1.31	1.27
2週	1.73	1.31	1.24
3週	1.67	1.33	1.21
4週	1.52	1.26	1.11
5週	1.51	1.30	1.06
削減率※	15%	1%	17%

●1日あたりの水道使用量（m³）

	Aさん	Bさん	Cさん
1週	0.94	0.74	0.75
2週	0.92	0.75	0.72
3週	0.91	0.74	0.72
4週	0.90	0.75	0.70
5週	0.88	0.74	0.67
削減率※	6%	0%	11%

※削減率：1週目と5週目を比較した時の削減割合

☞ 解答例

- Aさん、Cさんは、省エネ行動の実施により、電気、ガス、水の使用量が減っている。
- Bさんは、多少の増減が見られるものの、ほとんど生活スタイルを変えていない可能性がある。
- CさんはAさんより削減効果が高い。家族を巻き込んで取り組んだ可能性が高い。
- Aさん、Cさんは1週から2週にかけて削減効果が大きい。これは機器の設定変更による効果だと考えられる。
- AさんとB・Cさんとでは世帯人数が違うため、電気、ガス、水の使用量が違う。世帯人数が増えれば使用量も増加すると思う。
- 世帯人数だけでなく、家族の家での滞在時間によって使用量は変化すると考えられる。例えば、家族の誰かが出張などで不在の場合や早帰りによる滞在時間の増加も使用量に影響を与える。

〈自分の家と比較して、使用量の値が大きく異なる場合〉

- 世帯人数や家での滞在時間の違いの他、気温の変化が考えられる。気温による変化を差し引いたものが本当の意味での省エネ行動効果となる。
- 夏に向かうにつれ、水温が上昇するため、あたためるためのガスや電気の使用量が減る。一方、冬に向かうにつれ、水温が下がり、ガスや電気の使用量は増える。
- 暑くなって冷房を使うようになると電気使用量は一気に上がる。逆に寒くなり暖房をつけるとガスや電気使用量が増える。
- 水は、シャワー量や風呂使用による増減効果が大きい。

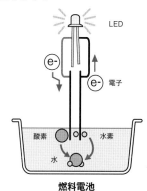

■燃料電池のしくみ

燃料電池

水素（H）と酸素（O）が反応して水（H₂O）になり、そのとき電気が発生します。

家庭で使う燃料電池の「水素」は主に、都市ガス・LPガスからつくられます。

また、燃料電池の技術は、燃料電池自動車や大規模発電、潜水艦、宇宙船、携帯電話など広く応用されています。

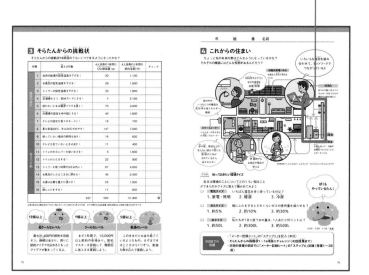

3 そらたんからの挑戦状

●算出時の使用数値

※1年間のCO₂削減量、節約金額は4人家族の場合の目安です。東京ガス調べ。

基本条件		水温 **20℃** お風呂の湯温 **40℃** 浴槽 **200 L**	
料金（税込）	ガス	**120.21円/m³**	東京ガス 供給約款 東京地区等 料金表B 2020年10月現在の原料費調整後の単位料金
	電気	**26.48円/kWh**	東京電力 供給約款 従量電灯B 第2段階 2020年10月現在の燃料費調整後の電力量料金
	水道	**260.15円/m³**	東京都水道局　2020年10月現在　東京都23区 メーター口径20mm　25m³使用した場合の水道料金
CO₂排出係数	ガス	**2.21kg-CO₂/m³**	東京ガスの都市ガス13Aの代表組成より算出　15℃ゲージ圧2kPa
	電気	**0.65kg-CO₂/kWh**	火力電力のCO₂排出係数　地球温暖化対策計画（2016年閣議決定） における2017年度の火力平均係数
	水道	**0.54kg-CO₂/m³**	環境省資料より

4 これからの住まい

家庭用燃料電池	都市ガスなどから取り出した水素と空気中の酸素を反応させて発電するシステムで、発電時の排熱は無駄なく給湯に利用することができる上、自宅で発電をするため、送電ロスがほぼないのが特長である。
HEMS <small>ヘムス</small>	HEMSはHome Energy Management System（ホームエネルギーマネジメントシステム）の略で、家庭で使うエネルギーを効率よく使うための管理システム。家電や電気設備とつないで、電気やガスなどの使用量をモニター画面などで「見える化」し、機器の「自動制御」を可能にする。
蓄電池	電気の使用量が少ないときに貯めておき、たくさん使うときに放電するのでピークシフト効果がある。
太陽光発電パネル	太陽光発電は自宅で発電するので大規模発電所から自宅まで電気を送る際のロスがない。
スマートメーター	毎月の検針業務の自動化やHEMSなどを通じた電気使用状況の見える化を可能にするメーター。

先生の声 新聞発表では、内容の説明をしたり、工夫点を発表していたりする姿が見られた。作成の時間が上手に設けられなかったので、時間配分をうまく取れるとよかった。新聞をつくることで、より省エネ行動の必要性や、現在の環境問題、エネルギー問題にも目を向けることができた。

自分の生活を振り返ろう

学習のねらい

💡 気づく → 自分の電気・ガス・水道の使用量の変化に気づく

📖 理 解 → ほかにもできる省エネ行動があることを理解する

🚶 実 践 → 省エネ行動を継続して実践する

⏰ シートを記入しよう！ **5分** → ・「メーター記録シート」の「ステップ5」、「ステップ6」の記入もれがないかどうか確認し、提出しよう
・「そらたんからの挑戦状」の「ステップ6」を記入し、提出しよう

1 まだまだある省エネ行動

食卓にたくさんのごちそうが並んでいるね。
私たちの毎日の食事と環境問題、どうつながっているのかな？　これまでに学んだことを含めて考えてみよう。

使い捨て容器も使われているね

いろいろな国の食材があるね

レトルト食品や冷凍食品も使われているね

一人の100歩より100人の一歩。みんなで少しずつ、長くこの取り組みを続けることが大事たん。

2 知ってるかな？ SDGs（持続可能な開発目標）

　2015年の9月25日〜27日、ニューヨーク国連本部において、「国連持続可能な開発サミット」が開催され、150を超える加盟国首脳の参加のもと、その成果文章として、「我々の世界を変革する：持続可能な開発のための2030アジェンダ」が採択されました。　今回の学習では特に、7 12 13 14 15 の目標に取り組んでいます。

出典：国際連合広報センター

※SDGsとはサスティナブル・ディベロプメント・ゴールズのことです

3 省エネマスターになれたかな？

省エネマスター認定書

あなたは「そらたんからの挑戦状」において　個の省エネ行動に取り組むことができました

よくがんばりましたのでここに省エネマスターに認定します

これからも　そらたんと一緒にがんばるたん！

令和　年　月

そらたん

　　　　さま

次回までの宿題	・「メーター記録シート」の「ステップ6」が未記入の人は帰宅後すぐに記録し、提出しよう。

ステップ **6**

教師用指導案　▶ 事後学習

自分の生活を振り返ろう

展開事例（45分） ※デジタル教材「ステップ6」を併せて活用しましょう。

	学習活動	指導上の留意点と支援	資料・教材・教具／デジタルツール
導入 5分	・ メーター記録シートの「ステップ5」「ステップ6」の記入漏れがないかどうか確認し、提出する。 ・ そらたんからの挑戦状「ステップ6」を記入し、提出する。	・ メーター記録シートが記入できているかペアで確認させ、提出させる。 ・ そらたんからの挑戦状の「ステップ6」を記入させ、提出させる。 ・ 授業の流れを説明する。	・ メーター記録シート ・ そらたんからの挑戦状 ・ 「ステップ6」(P81)
展開 35分	**他にもできることはないかな？** ※以下の学習は時間があるときのみ導入し、省エネを促進するゲーム（P127～128）や、ステップ5で終了しなかった内容を実施してもよい **1 まだまだある省エネ行動** ・ 今まで学習した省エネ行動を少しずつ、長く取り組んでいくことの大切さを学習する。 【グループ検討→全体共有】（約25分） **2 知ってるかな？ SDGs（持続可能な開発目標）** ・ SDGsという取り組みが世界中で行われていること、その中でもどの分野に取り組んできたかを確認する。 【全体共有】　　　　　（5分） **3 省エネマスターになれたかな？** ・ 各自が取り組んだ「そらたんからの挑戦状」をもとに「省エネマスター認定書」に、名前と実施した行動の数、年月日を記入させる。 【個人検討→全体共有】（5分）	・ これまで学習してきたことから、何が問題なのかを考え、私たちの消費生活がエネルギー問題やごみ問題と関係していることを理解させる。 ・ この授業で取り組んだ内容が、SDGsの取り組みにつながることを理解し、世界中で一人ひとりが取り組むことの大切さを確認させる。 ・ 省エネマスター認定書に必要事項を記入させ、これまで取り組んできたことを評価するとともに、これからも継続することを確認させる。	・省エネ行動トランプ（P127） ・エコな買い物＆調理カード（P128） ・エコな住まい方すごろく（P127～128） ※デジタル教材にはゲームの説明動画等が収録されています。 ▶ 動画約3分 ・ ステップ6（P81） ・ ステップ6（P82） ・ ステップ6（P82）
まとめ 5分	・ 「メーター記録シート」と「そらたんからの挑戦状」が全部書けているか確認し回収する。 ・ 「メーター記録シート」の未記入の人は帰宅後すぐに記録し、提出する。	・ 未記入、未提出分がある人は、すみやかに提出するように声をかける。	・ メーター記録シート ・ そらたんからの挑戦状 ・ 行動プランシート（未提出者） ・ 新聞（未提出者）

学習のねらい

気づく	自分の電気・ガス・水道の使用量の変化に気づく
理 解	ほかにもできる省エネ行動があることを理解する
実 践	省エネ行動を継続して実践する

ステップ6ワークシート（PDF）

児童・生徒用ワークシート　ダウンロードはこちら　➡　http://www.kairyudo.co.jp/kyokara83

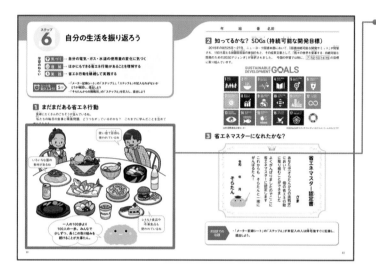

私たちの豊かな食生活はエネルギー問題やごみ問題の上になりたっています。

☞ 解答例

■季節に関係なく野菜や果物が食べられている
ハウス栽培では、ビニルの囲いや暖房が利用される。

■いろいろな国の食材がある
輸入農産物の輸送手段である航空機や船は大量の燃料を使っている。

■食べ残しがある
食べ残しなど生ごみとして出される量は年間で600万トン以上ある。

■レトルトや冷凍食品も使われている
消費量が急速に増えており、加工の段階でエネルギーを消費する。

■使い捨て容器も使われている
カップ麺やトレーなどごみ増加の原因にもなる。

1 まだまだある省エネ行動

電気やガス、水道をどれくらい使っているのかを見てみると、光熱費に占める割合は電気が最も高く、夏の暑い時期、冬の寒い時期の2回ピークがある。一方ガスは、気温・水温が低くなる冬にピークが来ており、夏と比べると倍近くになっていることが分かる。これは、寒いときにはファンヒーター等の暖房機器の利用が増えるだけではなく、水温が低

いためお湯を沸かすのにより多くのガスが必要となるからである。このようにガスの使用量には気温だけでなく水温も大きく関係している。上下水道は年間を通して変化が少なく、節水意識につながりにくい傾向がある。

年間を通して光熱費がどの程度かかるのか把握することで、消費者としての経済観念を養うことにもつながる。

●一世帯当たりの光熱費（全国平均）の月間推移（2019年）

	1月	2月	3月	4月	5月	6月	7月	8月	9月	10月	11月	12月	年計	月平均
電気	12,926	14,333	13,526	11,720	11,115	8,824	8,307	9,636	10,808	9,890	9,070	9,750	129,905	10,825
ガス	6,295	6,954	13,526	5,882	6,012	4,616	3,971	3,390	3,002	3,073	3,668	4,751	58,230	4,853
上下水道	5,295	5,375	4,768	4,690	5,461	5,104	5,135	4,735	5,093	5,124	4,632	5,110	60,522	5,044
合計	24,516	26,662	24,910	22,292	22,588	18,544	17,413	17,761	18,903	18,087	17,370	19,611	248,657	20,721

出典：総務省統計局　家計調査　統計データ「収入および支出金額（二人以上世帯）」より作成

1 と 3 の学習のかわりに、P127〜128で紹介している省エネを促進するゲームを導入すると楽しみながら振り返り学習ができます

先生の声 「自分の生活を振り返ろう」というテーマだったが、これまでの記録に基づいてしっかりと振り返ることができていたように思う。ゲーム感覚でできるものは、生徒たちも楽しく意欲を持ってできるので授業しやすいと感じた。

各ステップで使用するシート一覧

　授業の各ステップで使用するシートです。次のページより掲載してある原本をダウンロードし、一人1枚
コピーして授業に使用して下さい。カラーの方が分かりやすいですが、白黒での印刷にも対応しています。

【メーター記録シート】（P87〜90）

表面は各家庭のメーターの読み取り値を記入し、裏面はメーターの設置場所を説明したシートです。
片面ずつの印刷でも良いですが、両面で印刷すると、使いやすいです。
ステップ1の授業で配布し、毎ステップ、各自記入させます。

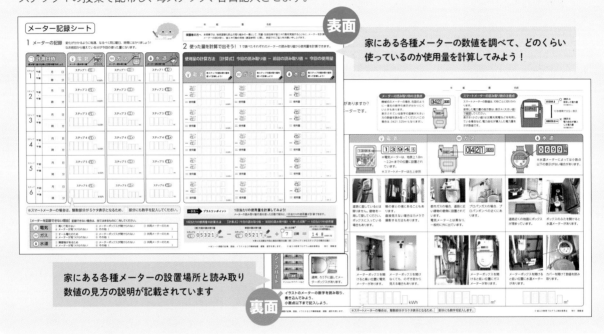

表面 　家にある各種メーターの数値を調べて、どのくらい
使っているのか使用量を計算してみよう！

裏面 　家にある各種メーターの設置場所と読み取り
数値の見方の説明が記載されています

【そらたんからの挑戦状】（P91〜94）

表面は省エネ行動16項目の実践状況を記入し、裏面は省エネ行動シールの貼付場所を説明したシートです。
片面ずつの印刷でも良いですが、両面で印刷すると、使いやすいです。
ステップ2の授業の導入で配布し、その場で記入させ、毎ステップ、各自記入させます。

表面 　省エネ行動16項目の実践状況を記入し、できなか
った項目の理由も書いてみましょう

裏面 　表面の挑戦状を実践する際に「省エネ行動シール」
を貼付けできる場所が記載されています

【新聞作成シート】（P95、96）

ステップ2で配布し、作り方や調べ学習の方法を確認します。ステップ5で出来上がった新聞を発表します。2段組と4段組のシートがありますので、導入する学年や調べ学習に取れる時間にも制約がある場合には2段組を使用するとよいでしょう。記入例はP122〜124を参考にしてください。

小学生では主に2段組みを使用します　書きこめる文字量が少ないため、上段に調べたこと、下段に自分たちに何ができるかを書かせるようにしましょう。

4段組みでは「読ませる」ことを意識して小見出しや本文を作成します。色分け・イラスト・データの引用など情報の出典元を記載するように注意しましょう

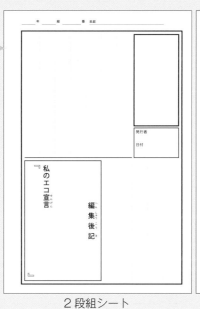

2段組シート

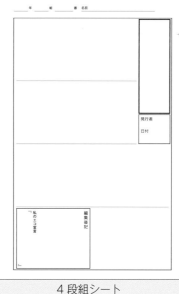

4段組シート

【行動プランシート】（P97）

ステップ4の授業後に各自が授業を振り返って記入するシートです。記入のポイントはP36に記載してあります。

今後の省エネ行動についての目標や授業の感想などを記入するシートです

ステップ4 選択体験　行動プランシート

年　　組　　番　名前：＿＿＿＿＿＿＿＿

1 今日の授業は、興味をもって楽しく取り組めましたか。
当てはまる番号を○印で囲んでください。
1.かなり楽しかった　2.やや楽しかった　3.どちらともいえない　4.あまり楽しくなかった　5.全く楽しくなかった

2 今後の生活で省エネにより取り組めるように生活を変えていきたいですか。
当てはまる番号を○印で囲んでください。
1.かなり変えたい　2.やや変えたい　3.どちらともいえない　4.あまり変えたくない　5.全く変えたくない

3 今日からがんばればできそうな目標を1つ決め、行動計画を立てましょう。

目標	（例…テレビを見ていないときは消す）
計画	（例…もし、夜に帰ったときにテレビの電源を入れそうになっ　たら、省エネ行動シールを見て節電することを思い出す。）　もし〔状況（場所と時間）〕　たら〔行動〕

4 気づいたことや取り組みたいことはなんですか。（自由記述）

〈計画の例〉
・普通の洗い方をしそうになったら、今日の活動を思い出す。
・省エネ出来てなかったら、地球がどうなるか思い出す。
・使ってないコンセントがあったら、すぐにコンセントを抜く
・水を出しっ放しにしそうになったら、シールを見て水を止める

〈目標の例〉
・毎日の省エネ皿洗いを実行する
・水を流しっ放しにしない
・使ってないコンセントを抜く
・使わない電源プラグを抜く
・シャワーを使う時間を5分以内にする
・水はこまめに使う

メーター記録シート

1 メーターの記録
変化が分かるように毎週、なるべく同じ曜日、時間にはかりましょう！
なお前回から増えている分が今回の使った量になります。

◻ 計測日時 読み取り値の日時と日数を書きましょう	💡 電 気 メーター読み取り値	♨ ガ ス メーター読み取り値	💧 水 道 メーター読み取り値
ステップ 1 　午前 ・ 午後　月　日 時　分	ステップ1 💡① . kWh	ステップ1 ♨① . m³	ステップ1 💧① . m³
ステップ 2 　午前 ・ 午後　月　日 時　分	ステップ2 💡② . kWh	ステップ2 ♨② . m³	ステップ2 💧② . m³
ステップ 3 　午前 ・ 午後　月　日 時　分	ステップ3 💡③ . kWh	ステップ3 ♨③ . m³	ステップ3 💧③ . m³
ステップ 4 　午前 ・ 午後　月　日 時　分	ステップ4 💡④ . kWh	ステップ4 ♨④ . m³	ステップ4 💧④ . m³
ステップ 5 　午前 ・ 午後　月　日 時　分	ステップ5 💡⑤ . kWh	ステップ5 ♨⑤ . m³	ステップ5 💧⑤ . m³
ステップ 6 　午前 ・ 午後　月　日 時　分	ステップ6 💡⑥ . kWh	ステップ6 ♨⑥ . m³	ステップ6 💧⑥ . m³

※スマートメーターの場合は、整数部分が5ケタ表示となるため、◻ 部分にも数字を記入してください。

【メーターを記録できない理由】記録できない場合は、当てはまるものに○をしてください。

💡 電気	① 高くて見えない ④ メーターが見つけられない	② メーターボックスが開けられない ⑤ その他（	③ 共同メーターのため ）
♨ ガス	① オール電化のため ④ メーターが見つけられない	② メーターボックスが開けられない ⑤ その他（	③ 共同メーターのため ）
💧 水道	① 障害物があるため ④ メーターが見つけられない	② メーターボックスが開けられない ⑤ その他（	③ 共同メーターのため ）

> **保護者の方へ**　本授業では、地球温暖化防止の取り組みの一環として、児童・生徒自身が省エネ行動を実施するとともに、メーターを計測します。メーターの読み取り、省エネ行動の実施（裏面参照）に関し、家庭でのご協力をお願い申し上げます。

2 使った量を計算で出そう！
1 で調べたそれぞれのメーターの読み取り値から使用量を計算できます。

使用量の計算方法　【計算式】今回の読み取り値 − 前回の読み取り値 ＝ 今回の使用量

💡 電 気　各ステップの読み取り値を使って計算しよう！	🔥 ガ ス　各ステップの読み取り値を使って計算しよう！	💧 水 道　各ステップの読み取り値を使って計算しよう！
ステップ2 ②　□□□□.□ − ステップ1 ① ＝ 使用量 _____ (kWh)	ステップ2 ②　□□□□.□ − ステップ1 ① ＝ 使用量 _____ (m³)	ステップ2 ②　□□□□.□ − ステップ1 ① ＝ 使用量 _____ (m³)
ステップ3 ③ − ステップ2 ② ＝ 使用量 _____ (kWh)	ステップ3 ③ − ステップ2 ② ＝ 使用量 _____ (m³)	ステップ3 ③ − ステップ2 ② ＝ 使用量 _____ (m³)
ステップ4 ④ − ステップ3 ③ ＝ 使用量 _____ (kWh)	ステップ4 ④ − ステップ3 ③ ＝ 使用量 _____ (m³)	ステップ4 ④ − ステップ3 ③ ＝ 使用量 _____ (m³)
ステップ5 ⑤ − ステップ4 ④ ＝ 使用量 _____ (kWh)	ステップ5 ⑤ − ステップ4 ④ ＝ 使用量 _____ (m³)	ステップ5 ⑤ − ステップ4 ④ ＝ 使用量 _____ (m³)
ステップ6 ⑥ − ステップ5 ⑤ ＝ 使用量 _____ (kWh)	ステップ6 ⑥ − ステップ5 ⑤ ＝ 使用量 _____ (m³)	ステップ6 ⑥ − ステップ5 ⑤ ＝ 使用量 _____ (m³)

一歩先へ　プラスワンポイント

1日当たりの使用量を計算してみよう！
メーターの読み取り値の差を使った日数で割ると、1日当たりの使用量が計算できます。

1日当たりの使用量の計算方法　　【計算式】（今回の読み取り値 − 前回の読み取り値）÷ 使った日数＊ ＝ 1日当たりの使用量

[例]今回の読み取り値　　　　　　　　　前回の読み取り値　　　　　　　使った日数＊　　　ステップ1〜ステップ2の間の1日当たりの使用量は、

ステップ2 ② 0 5 3 2 1.2 kWh − ステップ2 ① 0 5 2 1 7.6 kWh ÷ 7 日間 ＝ 1 4.8 kWh/日

＊使った日数は今回と前回の間の日数（例：ステップ1 からステップ2 の間の日数）

メーター読み取り方法

電気やガス、水道のメーターを見たことがありますか？
下の絵は代表的な電気、ガス、水道のメーターです。

電気

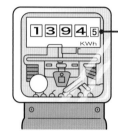

メーターの設置場所

※一般的な設置場所であり、必ずしもここに示すような位置にない場合があります。

1 3 9 4 .5

※電気メーターは、地表上1.8m ～2.2mまでの位置に設置されています。

※スマートメーターは右上参照

【電気・ガス】
建物の壁側に設置されていることが多い。

【水道】
道路に近い地面に設置されていることが多い。

道路

道路に面しているとは限りません。建物を一周して探してください。ボックスに入っている場合もあります。

隣の家との境にあることもあります。
直接見えない場合はカメラで撮影する方法もあります。

一戸建て

マンション・アパート

 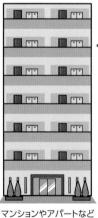

マンションやアパートなど

ろう下　◀玄関　住居　バルコニー

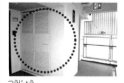

通常、ろう下に面してメーターボックスがあります。

メーターボックスを開けると高い位置に電気メーターがあります。

メーターボックスを開けなくても、のぞき窓から見える場合もあります。

イラストのメーターの数字を読み取り、書き込んでみよう。
小数点以下まで記入しよう。

				.	kWh

※スマートメーターの場合は、整数部分が5ケタ表示となるため、□部分にも数字を記入します。

スマートメーターの読み取り時の注意点

スマートメーターの数値は、10秒ごとに切りかわります。

使用した電力量の指示数は、表示A（大きい値）で確認してください。

表示B（小さい値）は太陽光発電などを利用している場合など、電力会社が購入した電力量を示す数値です。

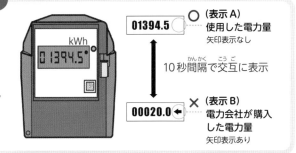

○（表示A）
使用した電力量
矢印表示なし

10秒間隔で交互に表示

×（表示B）
電力会社が購入した電力量
矢印表示あり

🔥 ガ ス	💧 水 道

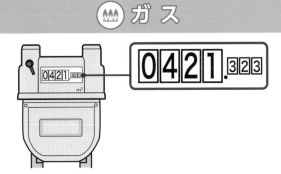 |

※水道メーターによっては小数点以下の表示がない場合があります。

  |

都市ガスの場合、道路に近い建物の壁側に設置されています。
電気メーターとは異なり、一般的に外に出ています。

プロパンガスの場合、プロパンボンベの近くにあります。

道路近くの地面にボックスが埋まっています。

ボックスのふたを開けると水道メーターがあります。

  |

メーターボックスを開けると低い位置にガスメーターがあります。

メーターボックスを開けると低い位置に水道メーターがあります。

カバーを開けて数値を読み取ります。

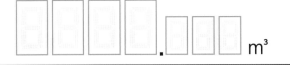 m³ |  m³

© 省エネ教育プログラム検討委員会　　発行：開隆堂

そらたんからの挑戦状

ステップごとに、できている省エネ行動に○をしましょう。

分類		省エネ行動	4人世帯の1年間の節約金額（円）	ステップ2 月 日		ステップ3 月 日	
機器の設定	1	台所の給湯の設定温度を下げる!（32℃〜37℃がめやす）	1,100				
	2	お風呂の設定温度を下げる!（40℃がめやす）	1,600				
	3	シャワーの設定温度を下げる!（40℃がめやす）	1,800				
	4	洗濯機をエコ／節水モードにする!（洗い時間とすすぎ回数を減らす）	2,100				
	5	使わないときは電源プラグを抜く!（炊飯器・パソコン・充電式そうじ機など）	3,000				
	6	冷蔵庫の設定を中や弱にする!	1,600				
	7	テレビの設定を省エネモードに!（明るさを調整する）	700				
	8	夏は室温28℃、冬は20℃がめやす!	7,000				
毎日の行動	9	使っていない場所の照明を消す!	600				
	10	テレビを見ていないときは消す!	400				
	11	トイレの大小レバーを使い分ける!	1,600				
	12	トイレのふたをする!（暖房便座・温水洗浄便座など）	900				
	13	シャワーを使う時間を5分以内に!	4,500				
	14	お風呂のふたはこまめに閉める!	2,400				
	15	お湯は必要な量だけ沸かす!	1,500				
	16	鍋にふたをする!	600				
○の合計数							

	あなた自身に関する質問（番号を1つ選んで記入）	ステップ2	ステップ3
問1	環境問題に関心がありますか? 1. とても関心がある　　2. やや関心がある　　3. どちらともいえない 4. あまり関心がない　　5. 関心がない		
問2	毎日の暮らしの中で環境に配慮した省エネ行動をしていますか? 1. かなりしている　　2. ややしている　　3. どちらともいえない 4. あまりしていない　　5. していない		
問3	この授業の内容（省エネ行動）について家族と会話をしていますか? 1. かなりしている　　2. ややしている　　3. どちらともいえない 4. あまりしていない　　5. していない		

_____ 年 _____ 組 _____ 番　　　名前 _____

ステップ 4		ステップ 5		ステップ 6		できなかった理由を書こう （ステップ6までに○がつかなかった項目のみ）	省エネ行動 シール （貼ったものに○）
月	日	月	日	月	日		

出典：東京ガス株式会社「ウルトラ省エネブック」(2021年1月)より作成。
1年間のCO₂削減量、節約金額は4人家族の場合のめやすです。

ステップ4	ステップ5	ステップ6

【保護者の方へ】
① 今回の取り組みは家庭での省エネ行動のきっかけになりましたか？

1. とてもそう思う　　2. そう思う　　3. どちらともいえない
4. そう思わない　　5. 全くそう思わない

② お家の方の感想（自由記述）

家の中でできる省エネを探して、

省エネ行動を見える化しよう！

見てすぐに思い出せるように、
省エネ行動をポストイットなどに書き出して、
機器の近くに貼っておくといいよ。

※行動項目2と3は貼る場所が同じため1枚のシールになっています。

キッチンでできること！

1 台所の給湯の設定温度を下げる！

20kg
1,100円

台所で使う前にお風呂場にあるリモコンの優先を切り、温度を低く（32〜37℃）設定

6 冷蔵庫の設定を中や弱にする！

40kg
1,600円

冷蔵庫だけではなく、冷凍庫やチルド室なども個別に設定

15 お湯は必要な量だけ沸かす！

53kg
1,500円

使う量のめやすを覚えるために最初は計量カップを使う

16 鍋にふたをする！

11kg
600円

煮物などの料理には、落しぶたをするとさらに省エネ

トイレでできること！

11 トイレの大小レバーを使い分ける！

3kg
1,600円

メーカーごと大小の向きが違うので確認しよう

12 トイレのふたをする！

23kg
900円

夏の暑い時期は便座の暖房を切る

リビングでできること！

5 使わないときは電源プラグを抜く！

73kg
3,000円

家中のコンセントを見直し、プラグを抜けるものを整理する

7 テレビの設定を省エネモードに！

18kg
700円

省エネモードがない場合は、明るさの設定を暗くする

10 テレビを見ていないときは消す！

11kg
400円

見たい番組があるときだけテレビをつける

＊本シート掲載の記事、図版、イラストなどの無断転載・複製・複写を禁じます。

今日から取り組もう！

それぞれのマークの
数字はいくつかな？
確認してみるたん！

確認してみよう！

それぞれのマークにある
CO₂削減量（さくげんりょう）や節約金額（きんがく）は
どれくらいかな？

???kg

1年間の
CO₂削減量

???円

1年間の
節約金額

※1年間の節約金額は4人家族の場合のめやすです。

いろんな部屋でできること！

8 夏は室温28℃、冬は20℃がめやす！

147kg
7,000円

冷暖房（れいだんぼう）を使うときには
カーテンやドアを閉（し）めるとより効果的（こうかてき）

9 使っていない場所の照明を消す！

16kg
600円

さらに明るさが調節できる場合は
一段（いちだん）下げる

洗濯（せんたく）でできること！

4 洗濯機をエコ／節水モードにする！

4kg
2,100円

エコ／節水モードがない場合には、
洗濯時間を短く、すすぎ回数を1回に変更（へんこう）

3 シャワーの設定温度を下げる！

33kg
1,800円

お風呂のリモコンの給湯の温度を
1℃下げる

お風呂場でできること！

2 お風呂の設定温度を下げる！

29kg
1,600円

お風呂のリモコンで湯船（ゆぶね）の温度を
40℃に設定

13 シャワーを使う時間を5分以内（いない）に！

67kg
4,500円

シャワーを使っている時間を知り、
シャワーはこまめに止める

14 お風呂のふたはこまめに閉める！

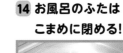

45kg
2,400円

お湯を沸かすときと入浴後はふたをする

データ出典：東京ガス株式会社「ウルトラ省エネブック（2020年1月）」より作成

発行者

日付

『私のエコ宣言(せんげん)

編集後記(へんしゅうこうき)

発行者

日付

編集後記

『私のエコ宣言

行動プランシート

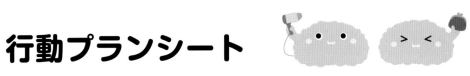

_____年 _____組 _____番　名前：_____

© 省エネ教育プログラム検討委員会　発行：開隆堂

1 今日の授業は、興味をもって楽しく取り組めましたか。
当てはまる番号を○印で囲んでください。

1. かなり楽しかった　2. やや楽しかった　3. どちらともいえない　4. あまり楽しくなかった　5. 全く楽しくなかった

2 今後の生活で省エネにより取り組めるように生活を変えていきたいですか。
当てはまる番号を○印で囲んでください。

1. かなり変えたい　2. やや変えたい　3. どちらともいえない　4. あまり変えたくない　5. 全く変えたくない

3 今日からがんばればできそうな目標を1つ決め、行動計画を立てましょう。

目標	(例…テレビを見ていないときは消す。)
計画	(例…もし、 家に帰ったときにテレビの電源を入れそうになっ たら、 省エネ行動シールを見て節電することを思い出す。) もし _____ たら _____ [状況 (場所と時間)]　　　　　　　　　　　　　　　　[行動]

4 気づいたことや取り組みたいことはなんですか。(自由記述)

学習を深めていただくために

ここからは、具体的に授業に導入するに当たり、
先生方に知っておいていただきたい内容を詳しく紹介していきます。
本教材は、ナッジや行動変容ステージモデルなど
行動科学の最新の知見をふんだんに盛り込んでいます。
内容を知っておくことでより効果を上げることが可能です。
併せて、新学習指導要領に基づく指導計画案やアクティブ・ラーニング、
CCE（気候変動教育）、SDGs（持続可能な開発目標）等を
いち早く授業に盛り込むことができます。

■■ 効果的な学習のすすめ方

1 学習をスタートするに当たり

1. 教育における行動科学の知見の活用
2. アクティブ・ラーニングの視点
3. 持続可能な開発目標（SDGs）の視点
4. CCE（気候変動教育）の視点
5. 新学習指導要領での生かし方

2 新学習指導要領に応じた指導計画

1. 初等教育（小学生）
2. 中等教育（中高生）

3 カリキュラム・マネジメントに取り組もう

1. カリキュラム・マネジメントとは
2. カリキュラム・マネジメントで授業計画を立てよう
3. 初等教育で実施する場合
   ・小学校の事例
4. 中等教育で実施する場合
   ・中学校の事例
   ・高等学校の事例

4 限られた授業時間で実施する場合の手引き

5 オンラインや家庭学習で行う場合の手引き

■■ どんどん広がる省エネ教育の輪

全国での実践例の紹介

　小学校／地域で導入／中学校／高等学校

新聞作成事例

　小学生／中学生／高校生

子どもたちや保護者の声　〜どんなことを学んでいるのか〜

■■ 本書で取り上げた省エネ教育ゲーミング教材の紹介

　省エネ行動トランプ
　エコな買い物&調理カード
　エコな住まい方すごろく

■■ SDGsと気候変動教育・省エネ教育との関連

◼️効果的な学習のすすめ方

1 学習をスタートするに当たり

　本教材は最新の行動科学の知見が盛り込まれ、意識せずとも短時間で効果的に学習が進められるよう設計されています。また、本教材で紹介している手法や考え方は、すべての教科に応用することが可能です。

1. 教育における行動科学の知見の活用

　教育においては、問題認識・課題発見をもとに、自らが気づき、知識・技能の伝授により自ら実践するという取り組みがなされてきましたが、さらに最新の行動科学の知見を盛り込み、より効果的に教育を行うことで、教育効果を上げることができます。

　具体的には、ナッジ、行動変容ステージモデルの省エネ行動への応用、行動プラン法、コミットメント、フィードバック効果などの手法が、ワークシートやデジタル教材などの教材に盛り込まれているだけでなく、教育プログラム自体が課題認識から自ら行動を選択するように計画されています。

（1）ナッジ（nudge）

　ナッジ（nudge）とは、「ひじで軽く突く、そっと後押しする」という意味で、行動経済学では、選択時の設計や初期設定を変えたり、気づきを与え、人々が自発的に望ましい行動を選択するよう促す仕掛けや手法を示す用語として用いられています。ナッジ理論を提唱し、行動経済学の発展に寄与した功績から2017年にシカゴ大学のリチャード・セイラー博士が、ノーベル経済学賞を受賞しています。

　ポイントとしては、これまでのように規制したり、一方的に教え、導くのではなく、個々人の選択の自由を尊重し、選択を禁止せず、自主的に行動を変える方法だという点です。このナッジの手法は省エネルギー施策、年金や医療・教育といった社会制度にも応用が可能であり、欧米をはじめ、日本でも取り組みがスタートしています。

　ナッジにはいくつかの手法がありますが、有名な成功事例として紹介されるのが、アムステルダムの空港の男子トイレの小便器の内側に描いたハエの絵です。この絵を描いた結果、清掃費が8割も減少したと言われています。この手法は現在多くの学校でも導入が進んでいます。

　また、われわれが日常的に目にしているスーパーやレストランでの「本日のおすすめ」「人気No.1」といった表現も複雑な選択肢を分かりやすく提示し、特定の選択肢に導く手法の1つです。このようにたくさんある選択肢を構造化し、数あるメニューの中から選びやすくするだけでなく、勧めたいものを選択者の心理に働きかけることができます。

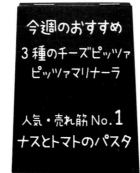

（2）行動変容ステージモデル

　行動変容ステージモデル（Transtheoretical Stage Model）は、禁煙の研究から導かれたモデルであり、現在では、健康改善、栄養改善をはじめ様々な行動改善に適用されています。本モデルでは、人が行動（生活習慣）を変える際には、「無関心期」→「関心期」→「準備期」→「実行期」→「維持期」の5つのステージを通ると考えられており、ステージごとに必要な情報や支援が違うことが明らかとなっています。

　これまでの調査から省エネ行動に行動変容ステージモデルが適用できることが確認されており、本教材では、ステージが違う児童・生徒の集団であるクラスに対し、まずは環境リテラシーを向上させる教育を行い「無関心層」をできる限りなくし、ベースをそろえるとともに、いずれの授業内にもステージの違いを加味した情報提供を盛り込み、全体の意識・行動レベルを向上させる工夫を取り込んでいます。

行動変容ステージモデル

	ステージ	今後考えられる支援策
無関心期	6か月以内に行動を変えようと思っていない	省エネ行動変容の必要性に関する情報提供
関 心 期	6か月以内に行動を変えようと思っている	省エネ行動変容の方法・過程に関する情報提供
準 備 期	1か月以内に行動を変えようと思っている	省エネ行動目標設定と行動変容のためのコーチング
実 行 期	行動を変えて6か月未満である	省エネ行動持続のためのコーチング、フィードバック
維 持 期	行動を変えて6か月以上である	省エネ行動変容持続のための継続した情報提供及びフォロー

出典：三神彩子、赤石記子、長尾慶子「行動変容ステージモデルに応じた省エネ教育による環境問題への関心度の向上並びに省エネ行動変容効果」、日本家政学会誌、2019、Vol.70、86-96

（3）行動プラン法

　行動プラン法とは、自主的な行動変容を期待する手法であり、ある行動変容を促す際に、具体的にどの様に実行するかの「行動プラン」を事前に検討してもらうことで、行動の具現化、実施率を上げる手法です。交通政策などでも用いられており、例えば、車で行っている最寄り駅に、「バスで行く」と仮定したときに、「何時に家を出て、どの便に乗れば、目的の時間に着くか」というプランを立て、シミュレーションをすることでその行動へのハードルを下げることができ、スムーズに行動を導くことが可能となります。

　本教材では、5W1H（いつ（When）、どこで（Where）、だれが（Who）、何を（What）、なぜ（Why）、どのように（How））やWOOP（願望（Wish）、成果（Outcome）、障害（Obstacle）、計画（Plan））の手法を用いて、行動をシミュレーションし、障害を取り除く工夫を盛り込んでいます。本教材内の「行動プランシート」はWOOPの手法を活

用しており、行動の実践に向けてあらかじめ起こりうる障害への対応策を考えておくことで行動の実践率を上げる工夫がされてます。

2．アクティブ・ラーニングの視点

新学習指導要領では、アクティブ・ラーニングの視点を念頭に置いた「主体的、対話的で深い学び」が求められています。教員による一方向的な講義形式の教育とは異なり、児童・生徒の能動的な学習への参加を取り入れた教授・学習法です。児童・生徒が能動的に学習することによって、認知的、倫理的、社会的能力、教養、知識、経験を含めた汎用的能力の育成を図ります。発見学習、問題解決学習、体験学習、調査学習等が含まれますが、教室内でのグループ・ディスカッション、ディベート、グループ・ワーク等も有効なアクティブ・ラーニングの方法です。

アメリカ国立訓練研究所が発表している、学習定着率を表す「ラーニングピラミッド」によると、これまで中心的に行われてきた先生の話を聞く「講義」では5％、教科書を読むなどの「読書」が10％、映像・音声教材などを使った学習である「視聴覚」が20％、他者の活動を見ることで理解を深める「デモンストレーション」が30％となっており、ここまでがいわゆるインプット学習と言われ受動的な学びに分類されます。

推奨されているアクティブ・ラーニングの視点に該当するのがこれ以降の活動であり、友達と話し合う「グループ討論」が50％、実際に体験してみる「自ら体験」が75％、さらに、身に付いたことを他者へ教える「人に教える」が90％と学習定着率が格段に高くなっています。ここからも主体的・能動的なアクティブ・ラーニングが、推進される理由が分かります。

これは、受動的な学びが悪いということではなく、学習は組み合わせが重要なことを示唆しており、本実証プログラムでは、このバランスを活かし、計画しています。

ラーニングピラミッド

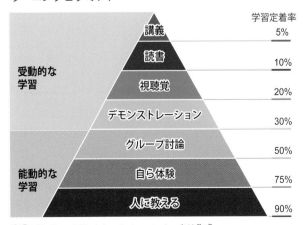

出典：National Training Laboratoriesより作成

3．持続可能な開発目標（SDGs）の視点

2015年の9月25日〜27日、ニューヨーク国連本部において、「国連持続可能な開発サミット」が開催され、150を超える加盟国首脳の参加のもと、その成果文章として、「我々の世界を変革する：持続可能な開発のための2030アジェンダ」が採択されました。これらを達成するための具体的な行動目標がSDGsです（詳細P129参照）。

4．CCE（気候変動教育）の視点

CCE（気候変動教育）はClimate Change Educationの略であり、「環境教育（EE：Environment Education）」や「持続可能な開発のための教育（ESD：Education for Sustainable Development）」の延長線上にあります。CCEの特徴はESDの一部でありながら、気候変動に特化している点です。また、CCEは、気候変動に関する国際連合枠組条約第6条にも記載されており、持続可能な社会を構築するためには、気候変動問題を理解するだけでなく、どう緩和・適応できるかを考え・実践できる人材を育成することが求められています。

例えば、イタリア政府は2020年より、気候変動とSDGs（持続可能な開発目標）を全公立校で必須学習内容にすることを決定しており、指導者向けの研修会を実施することが決定しています。また、2018年の第24回気候変動枠組条約締結国会議（COP24）での、グレタ・トゥーンベリ氏のスピーチをきっかけに、世界中で、学生を筆頭に、教員や保護者を巻き込んだストライキの活発化や教育への期待が高まっています。

省エネ推進における教育の役割

これまでは、技術や法律をもって温暖化を止めようとしてきた傾向が強い、教育の分野が注目され始めたのは比較的最近。

ここに注目 → 教育 ← ここが重要

気候変動へ対応するためには、教育、訓練及び啓発の促進と協力・広範な参加が求められている。（出典：国連気候変動枠組み条約）

省エネ

技術　政策

5.新学習指導要領での生かし方

　学習指導要領は、時代の変化や子供たちの状況、社会の要請等を踏まえて、およそ10年ごとに改訂されています。ここに示したのは、新しい学習指導要領に基づく学習過程のイメージ図です。家庭科、理科、社会を題材にそれぞれの特徴を見ていきましょう。

　家庭科は、多くの実習や体験学習を行い、先ほど紹介したアクティブ・ラーニングの視点が取り入れやすい教科です。学習過程からも分かるように、「生活の課題発見」から、「解決方法の検討と計画」、「課題解決に向けた実践活動」を通して、「実践活動の評価・改善」へとつなげていきます。さらに、家庭科の特徴が、「家庭・地域での実践」へつなげていく点です。また、新しい学習指導要領では、3つの観点から評価していきます。1つ目が、知識及び技能、2つ目が思考力・判断力・表現力、3つ目が学びに向かう力・人間性等、です。授業を組み立てていく際にはこの3つが担保でき

るように、組み立てていきます（P105参照）。

　次に、理科の学習過程を見てみましょう。表現は違うものの「課題の把握（発見）」、「課題の探求（追求）」、「課題の解決」、「次の探求の過程」となっており、同じような流れをたどることが確認できますが、理科で特徴的なのは、仮説を立ててそれを検証していく流れだという点です。

　次に、社会科の学習過程を見てみましょう。見て分かるように、表現は違うものの同じような流れをたどることが確認できます。まず、「課題把握」からスタートし、次に「課題追及」、そして「課題解決」、「新たな課題」へとつなげていきます。社会科で特徴的なのは、調べ学習で情報収集をしながら検証していく流れだという点です。

　家庭科、理科、社会の学習の流れを見てきましたが、本プログラムを導入する際にはこういった流れを意識しながら、児童・生徒それぞれに自分の暮らしに課題を見つけさせ、それをどう解決していくのかを調べ学習や、実験、体験を通して課題解決に向け取り組ませましょう。

■家庭科、技術・家庭科（家庭分野）の学習過程のイメージ

生活の課題発見	解決方法の検討と計画		課題解決に向けた実践活動	実践活動の評価・改善		家庭・地域での実践
既習の知識・技能や生活経験を基に生活を見つめ、生活の中から問題を見出し、解決すべき課題を設定する	生活に関わる知識・技能を習得し、解決方法を検討する	解決の見通しをもち、計画をたてる	生活に関わる知識・技能を活用して、調理・製作等の実習や、調査、交流活動などを行う	実践した結果を評価する	結果を発表し、改善策を検討する	改善策を家庭・地域で実践する

【目指す資質・能力と学習評価の場面の例】

知識	生活課題を解決するための根拠となる知識の習得 / 生活の営みに係る見方、考え方を踏まえた活用できる知識の習得
技能	生活課題を解決するための技能の習得 / 実生活に活用できる技能の習得
思考力・判断力・表現力	生活の中から問題を見出し、解決すべき課題を設定する力
	生活課題について多角的に捉え、解決策を構想する力
	実習や観察・実験の結果等について、考察したことを表現する力
	他者と意見交流し、実践等について評価・改善する力
学びに向かう態度	○（小）家族の一員として、生活をよりよくしようと工夫する実践的な態度 （中）家族や地域の人々と協働し、よりよい生活の実現に向けて、生活を工夫し創造しようとする実践的な態度 （高）相互に支え合う社会の構築に向けて、主体的に地域社会に参画し、家庭や地域の生活を創造しようとする実践的な態度 ○生活を楽しみ、味わい、豊かさを創造しようとする態度 ○日本の生活文化を大切にし、継承・創造しようとする態度

※上記に示す学習過程は例示であり、上例に限定されるものではないこと

出典：「平成28年5月11日　教育課程部会　家庭，技術・家庭ワーキンググループ」資料より作成

■理科の学習過程のイメージ

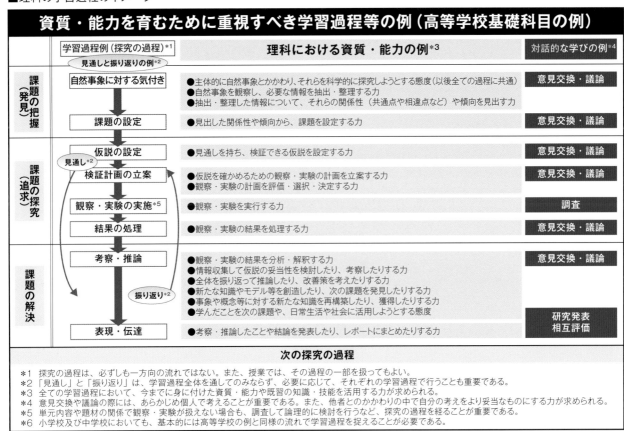

資質・能力を育むために重視すべき学習過程等の例（高等学校基礎科目の例）

	学習過程例（探究の過程）*1 見通しと振り返りの例*2	理科における資質・能力の例*3	対話的な学びの例*4
課題の把握 （発見）	自然事象に対する気付き	●主体的に自然事象とかかわり、それらを科学的に探究しようとする態度（以後全ての過程に共通） ●自然事象を観察し、必要な情報を抽出・整理する力 ●抽出・整理した情報について、それらの関係性（共通点や相違点など）や傾向を見出す力	意見交換・議論
	課題の設定	●見出した関係性や傾向から、課題を設定する力	意見交換・議論
課題の探究 （追求）	仮説の設定　見通し*2	●見通しを持ち、検証できる仮説を設定する力	意見交換・議論
	検証計画の立案	●仮説を確かめるための観察・実験の計画を立案する力 ●観察・実験の計画を評価・選択・決定する力	意見交換・議論
	観察・実験の実施*5	●観察・実験を実行する力	調査
	結果の処理	●観察・実験の結果を処理する力	意見交換・議論
課題の解決	考察・推論　振り返り*2	●観察・実験の結果を分析・解釈する力 ●情報収集して仮説の妥当性を検討したり、考察したりする力 ●全体を振り返って推論したり、改善策を考えたりする力 ●新たな知識やモデル等を創造したり、次の課題を発見したりする力 ●事象や概念等に対する新たな知識を再構築したり、獲得したりする力 ●学んだことを次の課題や、日常生活や社会に活用しようとする態度	意見交換・議論
	表現・伝達	●考察・推論したことや結論を発表したり、レポートにまとめたりする力	研究発表 相互評価
	次の探究の過程		

*1 探究の過程は、必ずしも一方向の流れではない。また、授業では、その過程の一部を扱ってもよい。
*2 「見通し」と「振り返り」は、学習過程全体を通してのみならず、必要に応じて、それぞれの学習過程で行うことも重要である。
*3 全ての学習過程において、今までに身に付けた資質・能力や既習の知識・技能を活用する力が求められる。
*4 意見交換や議論の際には、あらかじめ個人で考えることが重要である。また、他者とのかかわりの中で自分の考えをより妥当なものにする力が求められる。
*5 単元内容や題材の関係で観察・実験が扱えない場合も、調査して論理的に検討を行うなど、探究の過程を経ることが重要である。
*6 小学校及び中学校においても、基本的には高等学校の例と同様の流れで学習過程を捉えることが必要である。

出典：「平成28年5月25日　教育課程部会理科ワーキンググループ」資料より作成

■社会、地理歴史、公民の学習過程のイメージ

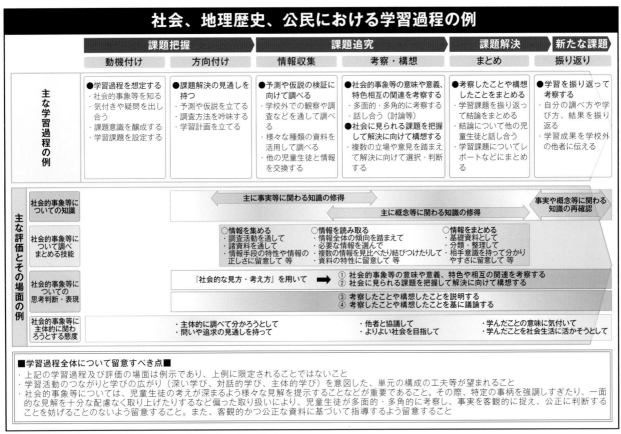

社会、地理歴史、公民における学習過程の例

■学習過程全体について留意すべき点■
・上記の学習過程及び評価の場面は例示であり、上例に限定されることではないこと
・学習活動のつながりと学びの広がり（深い学び、対話的学び、主体的学び）を意図した、単元の構成の工夫等が望まれること
・社会的事象等については、児童生徒の考えが深まるよう様々な見解を提示することなどが重要であること。その際、特定の事柄を強調しすぎたり、一面的な見解を十分な配慮なく取り上げたりするなど偏った取り扱いにより、児童生徒が多面的・多角的に考察し、事実を客観的に捉え、公正に判断することを妨げることのないよう留意すること。また、客観的かつ公正な資料に基づいて指導するよう留意すること

出典：「平成28年6月13日　教育課程部会　社会・地理歴史・公民ワーキンググループ」資料より作成

② 新学習指導要領に応じた指導計画

1. 初等教育（小学校）

■ 教科名（主なもの）

　カリキュラム・マネジメントの視点から教科横断的に導入していくことをお勧めします。

〈小学校〉

家庭科：[第5, 6学年] B衣食住の生活　C消費生活・環境
理　科：[第4, 5, 6学年] A物質・エネルギー　B生命・地球
社会科：[第4学年] 人々の健康や生活環境を支える事業について
　　　　[第5学年] 我が国の国土の自然環境と国民生活との関連について／我が国の農業や水産業における食糧生産について
　　　　[第6学年] グローバル化する世界と日本の役割について

総合的な学習の時間

※この他、国語（A.話すこと・聞くこと　B.書くこと）や算数（A.数と計算）、道徳（A.節度・節制）、特別活動（(2)日常の生活や学習への適応及び健康安全）などとの連携も検討できます。

■ 導入例（家庭科）

教材観

　「生活の営みに係る見方・考え方を働かせ，衣食住などに関する実践的・体験的な活動を通して，生活をよりよくしようと工夫する資質・能力を次のとおり育成することを目指す（小学校学習指導要領）」ことを目標にする。

　「消費生活・環境」の単元より、課題をもって、持続可能な社会の構築に向けて身近な消費生活と環境を考え、工夫する活動を通して、自分の生活と身近な環境との関わりや環境に配慮した物の使い方などについて理解すること、環境に配慮した生活について物の使い方などを考え、工夫する力を身につけることををねらいとしている。

　本学習では、全体を通して、さらに各単元ごとに、①生活の課題発見、②解決方法の検討と計画、③課題解決に向けた実践活動、④実践活動の評価・改善のサイクルを視野に入れ、主体的・対話的で深い学びとなるよう行動科学の知見を盛り込み効果的なアクティブ・ラーニングを実践する。

児童観

　児童の環境問題についての知識や関心度は個人差が大きい。環境問題は、衣生活、食生活、住生活、全ての場面で関わりがあるが、環境に配慮した生活を実践できている者は少ない。

　また、環境に配慮した行動を講義するだけでは実践に結び付きにくく、環境問題への関心を高めるための基礎的な情報提供に加え、体験学習（実験・実習やゲーミング・シミュレーションなどによる疑似体験）を行うことで、実践状況（習得）が上昇することが明らかとなっている。

指導観

　児童が関心を持って学習に取り組めるように、自宅の電気、ガス、水道のメーターの存在と見方を習得させ、使用量を読み取ることで、家庭におけるエネルギーの使用状況を把握させたい。家庭で取り組める省エネ行動に気づかせ自主的に取り組ませ、取り組んだ後の電気、ガス、水道のメーターを読み取り、省エネ行動の効果を実測できるようにする。

　さらに、体験学習を通して、省エネにつながる行動への理解を深め、実生活でも応用できる行動を宣言（コミットメント）させ、児童自身の生活の中で生かす実践的態度を育成したい。

■ 単元の目標

・家庭におけるエネルギー消費を理解するため、家庭の電気、ガス、水道のメーターを読むことができる。
・地球環境問題が起きていることに気づき、暮らしとのかかわりがあること、省エネ行動を行う必要性があることを理解することができる。
・もったいないエネルギーの使い方に気付き、持続可能な社会を目指してライフスタイルを工夫し省エネ行動に取り組む。
・体験学習を通して、省エネ行動の原理や仕組みを体験し、省エネ行動を実践するための知識と技能を習得する。
・自分が家庭で取り組める省エネ行動を宣言し、取り組めるような工夫をし、継続して実践する。

■ 単元の評価例

① 知識及び技能
家族や家庭、衣食住、消費や環境などについて、日常生活に必要な基礎的な理解を図るとともに、それらに係る技能を身に付けるようにする。
・環境問題、エネルギーの由来を理解することができる ・省エネにつながる行動が分かる ・省エネ行動について説明できる
② 思考力・判断力・表現力等
日常生活の中から問題を見いだして課題を設定し、様々な解決方法を考え、実践を評価・改善し、考えたことを表現するなど、課題を解決する力を養う。
・自分が取り組める省エネ行動について考えることができる ・省エネ行動を日常で取り組めるような工夫をしている ・調べ学習を通して、自分の考えを新聞にまとめることができる
③ 学びに向かう力・人間性等
家庭生活を大切にする心情を育み、家族や地域の人々との関わりを考え、家族の一員として、生活をよりよくしようと工夫する実践的な態度を養う。
・環境問題に関心を持っている ・省エネ行動に取り組もうとしている ・実験に意欲的に取り組んでいる

2. 中等教育（中学校・高等学校）

■ 教科名（主なもの）
カリキュラム・マネジメントの視点から教科横断的に導入していくことをお勧めします。

〈中学校〉
家庭科：消費生活・環境
社会科：〔公民的分野〕私たちと国際社会の諸課題よりよい社会を目指して
理　科：科学技術と人間
保健体育：健康と環境
総合的な学習の時間

〈高等学校〉
家庭科：家庭基礎：ライフスタイルと環境／家庭総合：持続可能な社会を目指したライフスタイルの確立／生活デザイン：ライフスタイルと環境
社会科：（公民）現代社会　共に生きる社会を目指して
理　科：科学と人間生活
保健体育：環境と健康
総合的な探求の時間

■ 導入例（中学校・家庭科）
教材観

中学校では「消費生活・環境」の単元より、自分や家族の消費生活の中から問題を見いだして、体験や実験を通して、その解決に向けて環境に配慮した消費生活を考え、実生活へ実践できるようになることをねらいとしている。

高等学校では「家庭基礎：ライフスタイルと環境」等の単元より、自立した生活を営むために必要な衣食住、消費生活や生活において環境に配慮したライフスタイルについて考えさせるとともに、主体的に工夫して行動できるようにすることをねらいとしている。

生徒観

生徒の環境問題についての知識や関心度は学年差だけでなく個人差が大きい。環境問題は、衣生活、食生活、住生活、全ての場面で関わりがあるが、環境に配慮した生活を実践できている者は少ない。

また、環境に配慮した行動を講義するだけでは実践に結び付きにくく、環境問題への関心を高めるための基礎的な情報提供に加え、体験学習（実験・実習やゲーミング・シミュレーションなどによる疑似体験）を行うことで、実践状況（習得）が上昇することが明らかとなっている。

指導観

生徒が関心を持って学習に取り組めるように、自宅の電気、ガス、水道のメーターの存在と見方を習得し、使用量を読み取り、家庭におけるエネルギーの使用状況を把握させたい。

家庭で取り組める省エネ行動に気付かせ自主的に取り組ませ、取り組んだ後の電気、ガス、水道のメーターを読み取り、省エネ行動の効果を実測する。

さらに、体験学習を通して、省エネにつながる行動への理解を深め、実生活でも応用できる行動を宣言（コミットメント）させ、生徒自身の生活の中で生かす実践的態度を育成したい。

■ 単元の目標
・家庭におけるエネルギー消費を理解するため、家庭の電気、ガス、水道のメーターを読むことができる。
・家庭におけるエネルギー消費の内訳、エネルギー資源の輸入状況等についての理解を深め、資源を大切に使う必要性があることを理解できる。
・省エネと地球温暖化とのかかわりについて理解できる。
・省エネ行動を知り、持続可能な社会を目指してライフスタイルを工夫し、主体的に行動できる。
・体験学習を通して、省エネ行動の原理や仕組みを体験し、省エネ行動を実践するための知識と技能を習得できる。
・自分が家庭で取り組める省エネ行動を宣言し、取り組めるような工夫をし、実践できる。

■ 単元の評価例

① 知識及び技能
家族や家庭、衣食住、消費や環境などについて、日常生活に必要な基礎的な理解を図るとともに、それらに係る技能を身に付けるようにする。 ・環境問題、エネルギーの由来を理解することができる ・省エネにつながる行動が分かる ・省エネ行動について説明できる
② 思考力・判断力・表現力等
日常生活の中から問題を見いだして課題を設定し、様々な解決方法を考え、実践を評価・改善し、考えたことを表現するなど、課題を解決する力を養う。 ・自分が取り組める省エネ行動について考えることができる ・省エネ行動を日常で取り組めるような工夫をしている ・調べ学習を通して、自分の考えを新聞にまとめることができる
③学びに向かう力・人間性等
家庭生活を大切にする心情を育み、家族や地域の人々との関わりを考え、家族の一員として、生活をよりよくしようと工夫する実践的な態度を養う。 ・環境問題に関心を持っている ・省エネ行動に取り組もうとしている ・実験に意欲的に取り組んでいる

③ カリキュラム・マネジメントに取り組もう

1．カリキュラム・マネジメントとは

　新しい学習指導要領では、育成を目指す資質・能力を3つの柱で整理しています（下図参照）。

　このような資質・能力を育成するためには、教育課程を軸に学校の教育活動の質の向上を図っていく必要があります。そこで、各学校の教育計画において子どもたちに必要な教育活動の内容や時間を考えた上で編成する「カリキュラム・マネジメント」が重要となってくるのです。しかし、これは新たな取組を追加することではありません。これまでも、関連学習の時期を合わせる、教科で分担して流れを作るなど、学習の充実を図るために行ってきた流れを、教科連携・教科横断と考えてください。

> **カリキュラム・マネジメントとは**
> 「社会に開かれた教育課程」の理念の実現に向けて、学校教育に関わる様々な取組を、教育課程を中心に据えながら、組織的かつ計画的に実施し、教育活動の質の向上につなげていくこと。

　本書で紹介している「省エネ教育」は、カリキュラム・マネジメントを行うのに適した内容となっています。なぜならば、「持続可能な社会の望ましい選択ができる人材（自ら気付き実践する人材）の育成」は新学習指導要領の前文に記載されており、これは全教科に適用される内容だからです。

　カリキュラム・マネジメントを検討する際には、下記に紹介するカリキュラム・マネジメントの3つの側面を生かしながら、授業展開を考えていきましょう。

> 【カリキュラム・マネジメントの3つの側面】
> ①教師が連携し、複数の教科等の連携を図りながら授業をつくる
> ②学校教育の効果を常に検証して改善する
> ③地域と連携し、よりよい学校教育を目指す

出典:文部科学省ホームページより抜粋

2．カリキュラム・マネジメントで授業計画を立てよう

　本プログラムをもとに、カリキュラム・マネジメントの視点に立って授業を組み立ててみましょう。ここでは、「総合的な学習の時間（小・中学校）」「総合的な探究の時間（高等学校）」を主軸とした教科連携をモデルに説明していきます。

　それぞれの表の「連携・代替教科」の欄を確認してください。全ての流れを総合的な学習の時間及び総合的な探求の時間内に実施することも可能ですが、実際には各ステップごとに関連する教科があります。そこで、例えば、小学校では、新聞の調べ学習は理科・社会で、新聞作成や発表は国語で、エコ・クッキングは家庭科でなどと、教科連携して行うことで、授業の幅が広がるだけでなく、子どもたちがこの期間に、集中して学習に取り組むことが可能になります。

　また、中学校、高等学校においては、教科連携が難しいことも多いですが、例えば、ステップ4の体験学習は各教科で行ってもらうなどが考えられます。さらに、教員間で情報共有を図ることで、教科内での該当部分を同時期に行う等を通して学習をより深めることが可能です。

　総合のみで授業を実施する場合においても、まずは学校、学年単位で連携して情報を共有することがカリキュラム・マネジメントの第一歩です。

　なお、各教科で行う場合には、プラスアルファの授業としてではなく、必ず教科ごとの指導要領に沿う形で実施することが重要です。また、ここには記載していませんが、生活に密着した内容であることから体験型の英語学習の題材として活用することもおすすめです。

総合的な学習・探究の時間から見た各教科との相関図

（注）総合的な学習・探究の時間から見た相関図となっています。実際には教科ごとにも連携しています。円の大きさは教科の指導要領との関連性の大きさを示しています。保健体育に関しては、中学・高等学校では連携がありますが、小学校では扱わないため円が小さくなっています。

3. 初等教育で実施する場合

　小学校で実施する場合には、学校及び学団や学年と相談し、担任主導で授業を行っていきます。ステップ4の体験学習では、家庭科室、理科室などを使用することから、特別教室の使用に関して調整が必要となります。また、教科専任がいる場合には、連携・分担して連絡を密にしながら進めるとよいでしょう。

小学校の事例【総合的な学習の時間を主軸にカリキュラム・マネジメントを検討】

ステップ	学習内容	題材名および目標	主な学習活動	連携・代替教科	学習指導要領適用範囲
ステップ1	事前学習	家の電気・ガス・水道のメーターを読もう	エネルギーの使用状況の把握	家庭科	[第5，6学年] C 消費生活・環境
			メーターの設置場所、読み取り方	特別活動	(2) 日常の生活や学習への適応及び健康安全
ステップ2	課題発見学習	地球環境と省エネルギーの関係とは？	地球温暖化による気候変動の影響	理科	[第4，5，6学年] B 生命・地球
			新聞作成のための調べ学習	社会	[第4学年] 人々の健康や生活環境を支える事業について [第5学年] 我が国の国土の自然環境と国民生活との関連について [第6学年] グローバル化する世界と日本の役割について
				理科	[第4，5，6学年] A 物質・エネルギー　B 生命・地球
			新聞作成	国語	A　話すこと・聞くこと／ B　書くこと
ステップ3	解決方法の検討と計画	自分ができる省エネ行動はなんだろう？	省エネルギーの仕組み大切さの理解	道徳	A．節度・節制
			省エネ行動の実践	家庭科	[第5，6学年] B 衣食住の生活　C 消費生活・環境
ステップ4	課題解決に向けた実践活動	省エネ行動を体験・実践してみよう	ガス：エコクッキング	家庭科	[第5，6学年] B 衣食住の生活　C 消費生活・環境
			水道：節水実験	家庭科	[第5，6学年] B 衣食住の生活　C 消費生活・環境
				社会	[第4学年] 人々の健康や生活環境を支える事業について
			電気：節電実験	理科	[第4，5，6学年] A 物質・エネルギー
				家庭科	[第5，6学年] B 衣食住の生活　C 消費生活・環境
			省エネ行動トランプ	家庭科	[第5，6学年] B 衣食住の生活　C 消費生活・環境
				社会	[第4学年] 人々の健康や生活環境を支える事業について
ステップ5	実践活動の評価改善	持続可能な社会に向けて発信しよう	新聞発表・省エネ行動宣言	国語	A　話すこと・聞くこと
			メーター記録結果を振り返り	家庭科	[第5，6学年] C 消費生活・環境
				算数	A．数と計算
ステップ6	事後学習	自分の生活を振り返ろう	振り返り及び実践	道徳	A．節度・節制
				家庭科	[第5，6学年] B 衣食住の生活　C 消費生活・環境

4. 中等教育で実施する場合

中学校、高等学校で実施する場合には、学校及び学年と相談し、担任もしくは教科担当が主導で授業を行っていきます。

教科連携が難しい場合にも、ステップ4の体験学習は各教科で行ってもらうなどが考えられます。ステップ4の体験学習では、家庭科室、理科室などを使用することから、特別教室の使用に関して調整が必要となります。

中学校の事例【総合的な学習の時間を主軸にカリキュラム・マネジメントを検討】

ステップ	学習内容	題材名および目標	主な学習活動	連携・代替教科	学習指導要領適用範囲
ステップ1	事前学習	家の電気・ガス・水道のメーターを読もう	エネルギーの使用状況の把握	家庭科	C 消費生活・環境
			メーターの設置場所、読み取り方	技術科	C エネルギー変換の技術
ステップ2	課題発見学習	地球環境と省エネルギーの関係とは？	地球温暖化による気候変動の影響	理科	【2分野】(7) 自然と人間
			新聞作成のための調べ学習	地理	C 日本の様々な地域
				公民	D 私たちと国際社会の諸課題
				理科	【2分野】(7) 自然と人間
				国語	C 読むこと
			新聞作成	国語	A 話すこと・聞くこと／B 書くこと
ステップ3	解決方法の検討と計画	自分ができる省エネ行動はなんだろう？	省エネルギーの仕組み大切さの理解	道徳	[節度, 節制]、[社会参画, 公共の精神]
				保健	(4) 健康と環境について, 課題を発見し, その解決を目指した活動
			省エネ行動の実践	家庭科	B 衣食住の生活　C 消費生活・環境
ステップ4	課題解決に向けた実践活動	省エネ行動を体験・実践してみよう	ガス：エコクッキング	家庭科	B 衣食住の生活　C 消費生活・環境
			水道：節水実験	家庭科	B 衣食住の生活　C 消費生活・環境
				公民	D 私たちと国際社会の諸課題
			電気：節電実験	理科	【1分野】(3) 電流とその利用 (7) 自然と人間
				家庭科	B 衣食住の生活　C 消費生活・環境
			省エネ行動トランプ	家庭科	B 衣食住の生活　C 消費生活・環境
				保健体育	(4) 健康と環境について, 課題を発見し, その解決を目指した活動
ステップ5	実践活動の評価改善	持続可能な社会に向けて発信しよう	新聞発表・省エネ行動宣言	国語	A 話すこと・聞くこと
			メーター記録結果を振り返り	家庭科	C 消費生活・環境
				数学	D データの活用
ステップ6	事後学習	自分の生活を振り返ろう	振り返り及び実践	道徳	[節度, 節制]、[社会参画, 公共の精神]
				家庭科	B 衣食住の生活　C 消費生活・環境

高等学校の事例【総合的な探究の時間を主軸にカリキュラム・マネジメントを検討】

ステップ	学習内容	題材名および目標	主な学習活動	連携・代替教科	学習指導要領適用範囲
ステップ1	事前学習	家の電気・ガス・水道のメーターを読もう	エネルギーの使用状況の把握	家庭科	C 持続可能な消費生活・環境
			メーターの設置場所、読み取り方	家庭科	C 持続可能な消費生活・環境
ステップ2	課題発見学習	地球環境と省エネルギーの関係とは？	地球温暖化による気候変動の影響	地学	(2) 変動する地球
			新聞作成のための調べ学習	地理	C 持続可能な地域づくりと私たち
				歴史	D グローバル化と私たち
				政治経済	B グローバル化する国際社会の諸課題
				科学と人間生活	(3) これからの科学と人間生活
				国語	C 読むこと
			新聞作成	国語	A 話すこと・聞くこと／B 書くこと
				情報	(2) コミュニケーションと情報デザイン
ステップ3	解決方法の検討と計画	自分ができる省エネ行動はなんだろう？	省エネルギーの仕組み大切さの理解	公民	A 公共の扉
				保健体育	環境と健康
			省エネ行動の実践	家庭科	C 持続可能な消費生活・環境
ステップ4	課題解決に向けた実践活動	省エネ行動を体験・実践してみよう	ガス：エコクッキング	家庭科	B 衣食住の生活の自立と設計 C 持続可能な消費生活・環境
			水道：節水実験	家庭科	B 衣食住の生活の自立と設計 C 持続可能な消費生活・環境
				公民	A 公共の扉
			電気：節電実験	物理	(2) 様々な物理現象とエネルギーの利用
				家庭科	B 衣食住の生活の自立と設計 C 持続可能な消費生活・環境
			省エネ行動トランプ	家庭科	B 衣食住の生活の自立と設計 C 持続可能な消費生活・環境
				保健体育	環境と健康
ステップ5	実践活動の評価改善	持続可能な社会に向けて発信しよう	新聞発表・省エネ行動宣言	国語	A 話すこと・聞くこと
			メーター記録結果を振り返り	家庭科	C 持続可能な消費生活・環境
ステップ6	事後学習	自分の生活を振り返ろう	振り返り及び実践	地理	C 持続可能な地域づくりと私たち
				家庭科	B 衣食住の生活の自立と設計 C 持続可能な消費生活・環境

4 限られた授業時間で実施する場合の手引き

本書のプログラムは6回の授業を通して行うようになっていますが、授業時間があまり取れない場合、この後ご紹介する方法で実践することができます。

なお、メーターを記録し実践につなげる取り組みは、自ら仮説（自分の行動をかえれば省エネにつながる）をたてて、それを実践確認していく作業にもつながることからSTEM教育（Science, Technology, Engineering and Mathematics）として、「エコ・クッキング」や「エコな買い物＆調理カード（P128）」の実践は選択肢の組み立てを考える点でプログラミング教育の導入としても効果的です。

1．1～2時間で単発実施の場合

まとまった時間が取れないという場合でも、部分的に活用することは可能です。その場合は特に、記憶に残り、実践につながりやすいステップ4で紹介した体験学習「エコ・クッキング（P37～42）」、「節水実験（P49～52）」、「節電実験（P57～60）」や本書内で紹介したゲーム学習（P127～128）の「省エネ行動トランプ」、「エコな買い物＆調理カード」、「エコな住まい方すごろく」に取り組んでみましょう。単体で取り組む場合には、なぜこういった取り組みが必要なのか（ステップ2 ①、②）を簡単でいいので、授業内で説明することが大切です。必要性を理解したうえで実践することで定着度が上がります。

下記に活用事例を紹介します。

【部分的活用事例】
例1：環境教育として
・ステップ2-①、②＋ステップ4（体験学習）
・ステップ2-①、②＋ゲーム
・ステップ1-①　②　③、ステップ2-①　②　③、
　ステップ3-③　④
例2：家庭科として
・（調理実習）ステップ4（エコ・クッキング）
・（住居学習）ステップ5
例3：防災教育として
・ステップ1（メーター位置の確認、ガスの復旧動作など）

2．4時間で実施する場合

6時間で授業を組み立てる場合同様に、電気、ガス、水道のメーター記録を行っていきます。記録を行う（データを見える化する）ことで、現状把握から問題点や課題を見つけ、改善・実践へとつなげていくことができます。

ステップ2・3、ステップ5・6を1時間で行うことで全体を4時間に抑えていきます。抜粋して授業を行う必要がありますので、詳細は右記の指導案をご確認ください。

■4時間版使用シート　　➡　http://www.kairyudo.co.jp/kyokara85

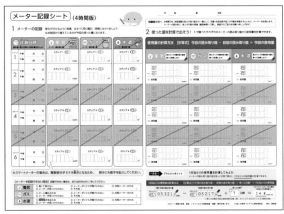

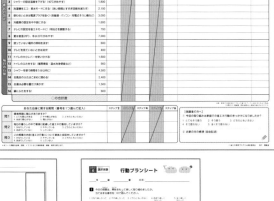

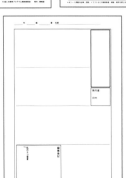

■4時間版指導案

時間割り		題材名及び目標	主な学習活動	○導入している主な手法 ■評価の観点
1 時間目	ステップ 1	【事前学習】 電気・ガス・水道のメーター読めるかな?	・各メーターを読む理由を理解し、電気、ガス、水道メーターの設置場所、メーターの数値の読み取り方を知り、記録できるようにする。	○ドリル学習、ナッジ、行動変容ステージモデル ■知識及び技能
2 時間目	ステップ 2	【課題発見学習】 地球環境と省エネはどんな関係?	・家の中のどんなところでどんなエネルギーを使っているか、エネルギー資源や地球温暖化問題について理解することができる。 ・自分たちの生活の中でできることをまとめることができる。	○ナッジ、行動プラン、行動変容ステージモデル ■知識及び技能 ■思考力・判断力・表現力等 **ステップの進め方** ステップ2-①、④（体験学習） ↓ ステップ3-② ↓ ステップ2-③、ステップ3-④
	ステップ 3	【解決方法の検討と計画】 自分ができる省エネ行動はなんだろう?	・もったいないエネルギーの使い方をしていないかどうか気づく。 ・どのような使い方が省エネルギーにつながるのかを仕組みと合わせて理解することができる。 ・省エネ行動を家庭や学校で実践できる。 ・新聞作成のための調べ学習を通して、地球環境問題への理解を深めることができる。 ・自ら省エネ行動の大切さに気づく。	
3 時間目	ステップ 4	【課題解決に向けた実践活動】 省エネ行動にチャレンジ!! 選択体験授業 （ガス、水道、電気、全般） ※右記プログラムから1つ以上お選びください。	・ガス（エコ・クッキング）:クロックムッシュなどの調理を通して、省エネを体感する。 ・水道（節水実験）:上手な食器洗浄方法を体験し、水や湯、洗剤を上手に使う方法を体感する。 ・電気（節電実験）:身近な家電製品の電力消費量を計測することで、節電対策について体感する。 ・全般（省エネ行動トランプ）:生活と環境とのかかわりから、家庭でできる省エネ行動を体感する。	○ナッジ、行動プラン、行動変容ステージモデル ■知識及び技能 ■思考力・判断力・表現力等
4 時間目	ステップ 5	【実践活動の評価改善】 持続可能な社会に向けて発信するぞ!	・これまでの調べ学習を通し作成した、新聞を発表し、お互いの理解を深めるとともに、自分の省エネ行動をコミットメントする。 ・メーター記録結果を振り返り、省エネ行動を実践することで、家庭の電気、ガス、水の使用量がどれくらい減ったかを確認する。	○ナッジ、コミットメント、フィードバック、行動変容ステージモデル ■知識及び技能 ■思考力・判断力・表現力等 ■学びに向かう人間性等
	ステップ 6	【事後学習】 自分の生活を振り返ろう	・メーター記録シート、そらたんからの挑戦状他、未提出物の提出。	**ステップの進め方** ステップ5-①、④

※デジタルツール(📷)は、全編を通して用意されています。

110

5 オンラインや家庭学習で行う場合の手引き

　2020年の新型コロナウイルスの感染拡大に伴い、一気に小中高等学校でのオンライン授業やITなどを使用した自宅学習が進みました。本プログラムは対面で行うことがより望ましいですが、家庭で実践する部分（メーターの読み取りや省エネ行動の実践）も多いことからも、下記の方法を組み合わせながら実施してもよいでしょう。また、夏休みなどの長期休暇をはさんで実施する場合にも参考にしてみてください。

学習の進め方

　この授業では、メーターの読み取りを実施し、子どもたちにエネルギーを可視化させ、さらに自分たちの行動を見える化する作業があることから、1週間に1回（小学校45分・中高では50分）学習し、時間を決めてメーターの読み取り等の記録を行うことが望ましいです（最低でも1回ごとの授業は3日程度は空けて実施してください）。

〈全ステップ共通〉
1. テキストを音読し、デジタル教材で動画コンテンツを確認させる。
　（注）ステップ1〜ステップ2までの間は通常通りの生活、ステップ2以後は省エネを意識した生活を行うように指導してください。
2. テキスト内の課題を実施し、各ステップごとに書かれた次回までの宿題を必ず実施させる。
　（注）メーター記録、そらたんからの挑戦状、新聞を必ず記入させて下さい。

〈ステップ1〜3〉
　上記の学習の進め方＜全ステップ共通＞の1、2の方法で実施する。

〈ステップ4〉
【エコ・クッキング】
（1）学校で実施（グループ学習・対面学習が難しい場合）
　・調理実習の代わりに「エコな買い物 調理カード」（P128）の調理ゲーム部分を実施する。
　・2人に1つゲームを配る。 カレーライスセットもしくはオムライスセットのいずれかの調理ゲームを1人ずつ実施する。
　・体験後に行動プランシートを記入させる。
（2）家庭学習の場合
　・家庭学習として調理を実施し、調理した結果を報告する。行動プランシートに工夫した点や感想を記入して提出する。できれば写真も提出する 。
　・メニューは提示した中から選び、あわせて、「上手な食器洗浄方法＊」（QRコードから読み取り）を生徒に配布し、家庭で実践してもらう。
　・体験後に行動プランシートを記入させ、後日提出させる。
　＊食材が入手できない場合もあることから、無理のない範囲で行わせることに留意。 該当メニューができない場合は、各自工夫して自主選択した調理にエコ・クッキングを意識して取り組ませる。

【節水実験】
（1）学校で実施（グループ学習・対面学習が難しい場合）
　・1人ずつ順番に実施する。正しい食器洗浄の方法を習得させることを目的とし、ペットボトルじょうろを使わず、水道を利用し、水の量の計量は行わない。
　・体験後に行動プランシートを記入させる。
（2）家庭学習の場合
　・「上手な食器洗浄方法＊」（QRコードから読み取り）をもとに家庭で1食分の食器を洗浄し、試してみた感想や工夫した点を行動プランシートに記入させる。

【節電実験】
（1）学校で実施（グループ学習・対面学習が難しい場合）
　・現行のやり方を踏襲し、グループ学習にせず、一人ずつ交代で体験させる。
　・体験後に行動プランシートを記入させる。
（2）家庭学習の場合
　・デジタル教材で実験動画を確認し、実験値を伝えて計算させる。体験後に行動プランシートを記入させ、後日提出させる。

【省エネ行動トランプ】
　下記の代替案があります。
（1）学校で実施の場合（グループ学習ではなくスクール形式で実施）
●ゲーム名：省エネさんとカード対決！
準備：1〜10の数字カード40枚をよく切っておく。
方法：①表を見ないで、裏返しのまま1人に2枚ずつカードを配る。
　　　②裏返しのまま1枚を自分、もう1枚を省エネさんと決める。
　　　③それぞれのカードの省エネ行動と節約金額を読み上げながらめくる。
　　　④節約金額が多い方が勝ち。何回か対戦すると良い。

＊ 上手な食器洗浄方法
　　省エネ行動トランプ一覧
　　省エネ行動トランプ点数計算シート

　　　　　ダウンロードはこちら　➡　http://www.kairyudo.co.jp/kyokara85

●ゲーム名：省エネ・節約ゲーム

準備：「省エネ行動トランプ一覧表＊」（QRコードから読み取り）、もしくは省エネ行動トランプ（1人1セット準備し、1〜10のカードを使用）を用意する。「省エネ行動トランプ点数計算シート＊」（QRコードから読み取り）を用意する。

方法：①省エネ行動トランプの中から、取り組んでいる行動のカードを全て選ぶ。

　　　②記号（ハートやダイヤなど）ごとに、数字順に並べ、計算シートに記入する。

　　　③取り組んでいないカードから「コミットカード」として、今日から始める行動を1枚選ぶ。

　　　④次に「未来カード」として、残りのカードから、これからできそうなカードを1枚選ぶ。

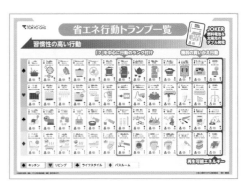

（2）家庭学習の場合

●ゲーム名：省エネ行動節約対決！

準備：「省エネ行動トランプ一覧表＊」（QRコードから読み取り）を用意する。一覧表にマーキングするカラーペン（1〜2色）などを用意する。

方法：①省エネ行動トランプ一覧（QRコードから読み取り）を用意し、ふだんから行っている行動に ○ をつける。

　　　②残りの行動の中から自分が取り組むことができると思う行動を、節約金額の合計が 1 万円以上 になる組み合わせで選ぶ。選んだトランプを □ で囲む。□で囲んだ省エネ行動に今日から取り組むようにする。

ふだんから行っている行動はどれかな？ ◯ をつけよう！

これからできる行動に □ をつけてみよう。節約金額の合計はいくらになるかな？

□でかこった省エネ行動に今日から取り組むたん！

〈ステップ5〉

　〈全ステップ共通〉の1，2の方法で実施する。新聞の発表ができない場合は、発表以外の内容に取り組む。時間がある場合は本書で紹介しているゲームなどを導入してもよい。

〈ステップ6〉

　ステップ6の体験学習に関しては、学校で実施できる場合のみ実施する。グループ学習ができない場合には、ゲームの数を増やすなどして下記の方法で実施することも可能。
・ゲーム終了後に行動プランシートを記入させる。

【省エネゲーム体験の代替】

（1）省エネ行動トランプ（P127参照）

　ステップ4の【 省エネ行動トランプ 】に示した代替案で実施する。

（2）エコな買い物＆調理カード（P128参照）

　1人2役で実施。オムライスセット／カレーセットのいずれかを買い物ゲーム、調理ゲームの順に体験する。
＊ゲームは2人で1セット用意する。

（3）エコな住まい方すごろく（P127〜128参照）

　1人で2つのコマを動かして片方を「省エネさん」として勝ち負けを決めるか、先生と競争するやり方で実施する。
＊ゲームは1人に1セット用意する。

■■ どんどん広がる省エネ教育の輪

本教育プログラムを活用した教育は、既に全国の小中高等学校、教員養成校などで実践が進み、その効果が確認されています。ぜひ導入した学校の先生方の声と授業の様子をご覧いただき、これからの導入の参考にしてください。

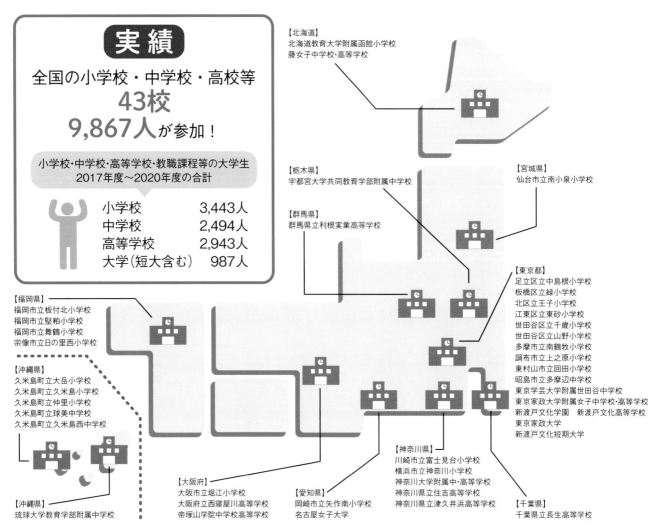

実績
全国の小学校・中学校・高校等
43校
9,867人が参加！

小学校・中学校・高等学校・教職課程等の大学生
2017年度～2020年度の合計

小学校	3,443人
中学校	2,494人
高等学校	2,943人
大学（短大含む）	987人

【北海道】
北海道教育大学附属函館小学校
藤女子中学校・高等学校

【栃木県】
宇都宮大学共同教育学部附属中学校

【宮城県】
仙台市立南小泉小学校

【群馬県】
群馬県立利根実業高等学校

【東京都】
足立区立中島根小学校
板橋区立緑小学校
北区立王子小学校
江東区立東砂小学校
世田谷区立千歳小学校
世田谷区立山野小学校
多摩市立南鶴牧小学校
調布市立上之原小学校
東村山市立回田小学校
昭島市立多摩辺中学校
東京学芸大学附属世田谷中学校
東京家政大学附属女子中学校・高等学校
新渡戸文化学園　新渡戸文化高等学校
東京家政大学
新渡戸文化短期大学

【福岡県】
福岡市立板付北小学校
福岡市立堅粕小学校
福岡市立舞鶴小学校
宗像市立日の里西小学校

【沖縄県】
久米島町立大岳小学校
久米島町立久米島小学校
久米島町立仲里小学校
久米島町立球美中学校
久米島町立久米島西中学校

【沖縄県】
琉球大学教育学部附属中学校

【大阪府】
大阪市立堀江小学校
大阪府立西寝屋川高等学校
帝塚山学院中学校高等学校

【愛知県】
岡崎市立矢作南小学校
名古屋女子大学

【神奈川県】
川崎市立富士見台小学校
横浜市立神奈川小学校
神奈川大学附属中・高等学校
神奈川県立住吉高等学校
神奈川県立津久井浜高等学校

【千葉県】
千葉県立長生高等学校

※実践した学校の内、本書で紹介している学校のみ記載しています。今回紹介している学校は、2017年～2020年に、環境省「学校教育アプローチによる『B2E2Cナッジ』事業」（詳細P1）に参加した学校です。

学校全体の環境への取り組みとして実施

板橋区立緑小学校
【所 在 地】東京都板橋区
【対象教科】総合的な学習の時間
【担当教諭】北川 修司、遠藤 佑子
【実践学年】4年 62名
【選択体験】エコ・クッキング、エコな買い物＆調理カード

本校の4学年は、1学期に水源林教室、水道キャラバン、下水道教室を行い、2学期上旬にスケルトン清掃車の見学、清掃工場の見学などを通して、環境について意識する機会を設定してきた。

本授業では、省エネ行動を通して環境について調べたり、考えたりすることができた。また土曜授業公開日に授業を行うことで保護者に対しても啓発を行った。

エコ・クッキングは児童に特に好評で、自宅でも実施する児童が多数いた。自分の心がけからできる省エネ行動を普段の学校生活でも行っている姿が見られた。その後、「エコプロダクツ2019」にも参加し、省エネ行動についての理解を深めている姿が見られた。

2019年度実施

＊取り組みを複数年実施している学校もあるが、本書ではその一部を紹介している。

多摩市立南鶴牧小学校

【所 在 地】東京都多摩市
【対象教科】総合的な学習の時間
【担当教諭】目黒 佳織、佐藤 武、
　　　　　　溝田 麻紀
【実践学年】4年 86名
【選択体験】節水実験、省エネ行
　　　　　　動トランプ

総合的な学習の時間の単元「エコ大作戦」に取り入れた。「エコ大作戦」では、ゲストティーチャーに環境問題の話を聞き、それを基に各自が課題を設定して調べ学習を行った。調べ学習と並行して、本プログラムに取り組んだ。メーターの値を記録することで、自分が具体的に行動する必要性を実感し、節水実験や省エネ行動トランプなどの体験を通して、楽しみながら取り組むことができた。

2020年度実施

学校全体のエネルギー環境教育として実施

仙台市立南小泉小学校

【所 在 地】宮城県仙台市
【対象教科】総合的な学習の時間
【担当教諭】信太 俊弥、千葉 航平
【実践学年】5年 68名
【選択体験】節電実験

今回、本プログラムを実践できたことで、児童から生活における課題を見出し、自分たちにできることから始めようという意識を育てることができた。
本校ではこれまでもエネルギー環境教育に取り組んでいる。3年目となる5年児童は、行動変容ステージモデルのおかげもあり、主体的に家庭での省エネ行動を行っていた。
今後は、今回の学習で手に入れた新たな知識をもとに、自分たちの省エネ行動をさらに広げられないか考えていく。そして、省エネの大切さを地域に発信していく手立てを児童とともに考えていきたい。

2019年度実施

複数学年で実施

足立区立中島根小学校

【所 在 地】東京都足立区
【対象教科】総合的な学習の時間
【担当教諭】榎田 安生美、太田 薫、
　　　　　　饒平名 真帆、八百 秀明、
　　　　　　林 彩乃
【実践学年】5年 90名
　　　　　　6年 78名
【選択体験】省エネ行動トランプ

総合的な学習の時間に地球環境の学習として、本プログラムを5、6年生対象に行った。一週間ごとのエネルギー消費量を計算しながら実践する省エネ行動は、結果が数値の変化として見られるので、児童も家族と協力して行うことができたようだった。
また、地球環境と省エネ行動について新聞にまとめ、発表する活動では、調べたことや学んだことをまとめるだけでなく、活動を通して感じた地球環境に対する思いを聞くことができた。
本プログラムで活用する「省エネ行動トランプ」や「エコな買い物＆調理カード」に対する児童の関心は高く、楽しく体験しながらも、日常生活でできる省エネ行動を学ぶことができていた。

2019年度実施

世田谷区立山野小学校

【所 在 地】東京都世田谷区
【対象教科】総合的な学習の時間
【担当教諭】太田智大、伊藤由美、
　　　　　　古賀勇輝　他
【実践学年】4年 200名
　　　　　　5年 172名
　　　　　　6年 191名
【選択体験】節電実験、省エネ行
　　　　　　動トランプ

世界的な新型コロナウイルス感染症拡大により、今までの日常からかけ離れた生活を送る中で、子どもたちは世の中の流れに目を向けることが多くなった。地球温暖化や気候変動といった地球規模の危機についての学習をする中で、地球環境に対する意識がより高まった。また、資源には限りがあり恒久的ではないことを知り、その資源を持続可能なものとして永続的な地球の未来に繋げていく必要があることを理解した。

2020年度実施

全国での実践例の紹介　小学校

総合的な学習として実施

福岡市立板付北小学校

【所 在 地】福岡県福岡市
【対象教科】総合的な学習の時間
【担当教諭】鈴木 聡、吉岡 真依子
【実践学年】6年 58名
【選択体験】省エネ行動トランプ、エコな買い物＆調理カード

プログラムに沿って授業を進めた。子どもたちは、ステップ1で電気・ガス・水道のメーターの見方・読み方を学んだ。ステップ2では、メーターの記録を継続しつつ、気候変動が引き起こす問題や機器の設定でできる省エネ行動について知ることができた。デジタル教材の中の「2100年未来の天気予報」は子どもたちにとって興味深く、理解を深めるのに有効であった。ステップ3・4では、自分の生活をそらたんからの挑戦状や省エネ行動トランプを使って振り返ることができた。その際、省エネ行動トランプが視覚的に理解しやすく、繰り返し省エネ行動を口にするなどの有効性があった。同じくステップ6のエコな買い物＆調理カードも遊びながら学べるという点で有効であった。

2019年度実施

福岡市立舞鶴小学校

【所 在 地】福岡県福岡市
【対象教科】総合的な学習の時間
【担当教諭】屋成 麻子、江頭 祐李、光安 明美
【実践学年】5年 110名
【選択体験】節水実験、省エネ行動トランプ

今回省エネ教育を行ってみて、まず教師自身も知識として知っているつもりだったが、行動に移せていないことが沢山あると感じた。地球の環境や省エネの取り組みについてどこか「他人事」として捉え「自分一人くらいいいや」と思って過ごしているのは子どもたちも同じで、更に子どもなのでどのように取り組めば良いか分からなかったと思う。それを今回の学習で実際に取り組み方法を知ることで、子どもたち自身の関心が高まった。

2019年度実施

北海道教育大学附属函館小学校

【所 在 地】北海道函館市
【対象教科】総合的な学習の時間、家庭科
【担当教諭】安彦 有里恵、阿部 智
【実践学年】5年 64名
【選択体験】節水実験、省エネ行動トランプ

コロナウィルスによる休校中に家ですごすことが多かったので、自分の生活を振り返ってみよう、というところから学習を始めた。切実感をもって学習を進めるため、電気、ガス、水道などを使い続けるとどんな影響があるかを考えた。はじめは「地球温暖化」という言葉を聞いたことがあるくらいの児童たちも、地球温暖化が進むと自分たちの未来が大変だということに気づかされた。

2020年度実施

江東区立東砂小学校

【所 在 地】東京都江東区
【対象教科】総合的な学習の時間
【担当教諭】森竹圭子、古川侑也 他
【実践学年】4年 42名
【選択体験】省エネ行動トランプ

「省エネ」「地球温暖化」など聞いたことはあるが、意味はわからない子供たち。ステップ2の「気候変動が引き起こす問題」を学習してから変わってきた。何が原因で地球温暖化が起こるのかを調べ、自分達にできることがたくさんあることに気づくことが出来た。学校で学んだことを家族に伝え、一緒になって自分達の大切な地球のために、今できることを少しずつ取り組む姿勢が見られたのがとても嬉しかった。

2020年度実施

北区立王子小学校

【所 在 地】東京都北区
【対象教科】総合的な学習の時間
【担当教諭】上鈴木 輝也 他
【実践学年】5年 109名
【選択体験】節水実験、省エネ行動トランプ

授業を進めるにあたっては、「環境問題への関心のもたせ方」を意識した。エネルギーがどこから来て、どのように使われているのかを知る段階では、ほとんどは無関心であったが、「地球温暖化」や「省エネ行動」を知ること、「節水実験」などで関心が高まった。学習が進むにつれて、個人的な問題意識をもつようになった。終了後も、「省エネ行動を続けている」という声が多く聞こえた。

2020年度実施

世田谷区立千歳小学校

【所 在 地】東京都世田谷区
【対象教科】総合的な学習の時間
【担当教諭】前島 彰、河村 道彦、
　　　　　　山村 理紗、大掛 北斗
【実践学年】5年生 139名
【選択体験】省エネ行動トランプ、
　　　　　　エコな買い物&調理
　　　　　　カード

「エコな買い物&調理カード」でお店側とお客側に分かれてゲームを実施した。それぞれがお客側を経験することで、包装の仕方、食品ロス、旬、輸出と輸入等、環境に配慮した買い物の仕方について、今まで習ったことを大いに想起して生かし、楽しく買い物ゲームに取り組んでいた。買い物した後の得点化の際に、選択したことがどうであったか振り返ることにもつながっていた。児童はとても意欲的に取り組んでいた。

2020年度実施

川崎市立富士見台小学校

【所 在 地】神奈川県川崎市
【対象教科】総合的な学習の時間
【担当教諭】藤田 啓介　他
【実践学年】5年生 162名
【選択体験】省エネ行動トランプ

子どもたちは、メーター調べ、省エネ行動トランプを使った活動を通して、少しずつ、環境問題についての興味をもち始めた。省エネ行動トランプは、子どもたちから「もう一回やりたい！」「休み時間にやってもいいですか？」との声があがり、意欲的に活動する姿が見られた。新聞作成では、自分たちの省エネ行動を振り返るだけではなく、インターネットで環境問題について調べ、まとめることができた。

2020年度実施

家庭科として実施

横浜市立神奈川小学校

【所 在 地】神奈川県横浜市
【対象教科】家庭科
【担当教諭】為國 たまみ、
　　　　　　小笠原 由紀
【実践学年】5年 68名
　　　　　　6年 91名
【選択体験】節電実験（小学5年）、
　　　　　　節水実験（小学6年）、
　　　　　　エコな買い物&調理
　　　　　　カード

本校では5、6年生の家庭科として実践した。
プログラムの中でも、特に省エネ行動トランプを扱った活動が印象深かったようだ。「旬の野菜を調理に使うと二酸化炭素がこんなに削減できるんだ！」、「エコバッグってやっぱり大事なんだね。」など、普段自分がしている小さな選択や行動が、持続可能な社会のためには大きな貢献になるということを知り、省エネ行動の必要性を実感できたようだ。「省エネは知っているけれど、何をしたらいいか分からない」というのが児童の本音であった。今回の実践で得た学びを児童が自らの実生活につなげていけるよう、指導していきたい。

2019年度実施

福岡市立堅粕小学校

【所 在 地】福岡県福岡市
【対象教科】家庭科
【担当教諭】吉田 純子
【実践学年】5年 21名
【選択体験】省エネ行動トランプ、
　　　　　　エコな買い物&調理
　　　　　　カード

子ども達が省エネ行動を日常生活で実践できるようにするために全ステップで主体的に楽しみながら学習できるようにした。ステップ1では家の中でのエネルギーを見つける活動に重点を置き、ステップ2では学校内にもシールを貼った。ステップ5ではAさんと代表の子どもの測定値をもとに話し合った。成果は、子ども達が自分の生活を振り返り行動を見直すことができたこと、家庭にも啓発できたことである。

2019年度実施

調布市立上之原小学校

【所 在 地】東京都調布市
【対象教科】家庭科
【担当教諭】5年 家庭科担当
【実践学年】5年 148名
【選択体験】エコ・クッキング、省
　　　　　　エネ行動トランプ

テレビ等で環境問題が取り上げられることが多い年であったこともあり、児童の興味関心をひく内容であった。実践してみて気づいた点を3点あげたい。1つ目は、「なぜ省エネ教育プログラムを行うのか」という目的を、児童がしっかりと持つ必要がある、2つ目は、家庭科で扱うには幅広く濃い内容なので、複数の教科で実施するとよい、3つ目は、エコ・クッキング等、体験的な活動を通して、より理解が進み深まると感じた点である。

2019年度実施

全国での実践例の紹介　小学校

理科として実施

東村山市立回田小学校

【所 在 地】東京都東村山市
【対象教科】理科
【担当教諭】安原 求
【実践学年】5年 93名
　　　　　　6年 82名
【選択体験】省エネ行動トランプ

本校では、省エネ行動プログラムを5、6年の理科の学習に位置付けて行った。対象となる学年の児童は昨年度、持続可能な社会について学習を行っており、環境問題についての関心が高い児童も多く見られた。
省エネ行動について、毎時間繰り返し具体的な実践例を学習し、家庭での実践を振り返ることで、児童がより具体的な行動プランを立てることにつながった。一方、本プログラムでは「メーター記録シート」を毎週の課題として児童に課したが、「メーター記録シート」は家庭で記録をするため、児童によって達成度には差がみられた。クラス担任ではなく、理科専科の教員が授業を担当したことから、専科の教員が本プログラムを行う際には、各クラスの担任とも授業の内容を共有し、クラスでも合わせて指導を行ってもらうことが重要である。

2019年度実施

教科連携で実施

岡崎市立矢作南小学校

【所 在 地】愛知県岡崎市
【対象教科】総合的な学習の時間
【担当教諭】兼子 しずか、石川 壮、
　　　　　　岩月 康輝、山本由実子
【実践学年】6年 130名
【選択体験】節電実験、省エネ行
　　　　　　動トランプ

地球温暖化という言葉を聞いたことはあるが、その意味を知らずにいた子どもたちが、少しずつ自分のできることを実行していくことにより、自分たちの住む地球環境を変えられるのではないかという意識を持ち、家庭を巻き込んで省エネ行動を実践していた。今後はこの活動をSDGsの目標と関連付け、私たちが暮らす環境や社会に目を向け、実践していける子を育てられる授業に取り組んでいこうと考えている。

2020年度実施

4時間の短縮版で実施

大阪市立堀江小学校

【所 在 地】大阪府大阪市
【対象教科】総合的な学習の時間
【担当教諭】小幡 富士子　他
【実践学年】5年 196名
【選択体験】省エネ行動トランプ、
　　　　　　すごろく

「エコな住まい方すごろく」は、住まいの環境やリフォームによる効果も知り、楽しみながらゲーム感覚で知識を得、もっと知りたいもっと調べたいという意欲につながった。新聞の編集後記には、未来を担う決意や無理なく実践できるエコ宣言などが記され、学習の深まりや広がりが感じられた。学校という小社会の中にあっても、地球環境という大いなる課題に目を向け、未来を想像できる機会となった。

2020年度実施

宗像市立日の里西小学校

【所 在 地】福岡県宗像市
【対象教科】総合的な学習の時間
【担当教諭】壽福 翼　他
【実践学年】5年 60名
　　　　　　6年 69名
【選択体験】節電実験、省エネ行
　　　　　　動トランプ

普段考えていない未来の状況や世界の環境問題などを見て、自分も省エネ行動をしようと考えることができたのではないかと思う。授業に取り組んでからは、省エネ行動についての意欲が高まった。例えば、電気の消し忘れやこまめな節水など意識して学校の中や生活の中で意識していた様子が見られた。経年的に学習させることにより、省エネ行動が意識づきより高まっていくと思った。

2020年度実施

～久米島での取り組み～

沖縄県島尻郡の離島である久米島では、海に囲まれ台風の影響を受ける地域性や、島内で完結する電力供給などの地域特性から、全島でエネルギー教育・環境教育に取り組んでおり、本プログラムを島内の複数の小学校、中学校で導入した。小学校での授業に関しては、担当教諭と一般社団法人国際海洋資源エネルギー利活用推進コンソーシアム（GOSEA）の講師が連携して授業を実践した。

久米島町立大岳小学校

【所 在 地】沖縄県島尻郡久米島町
【対象教科】総合的な学習の時間
【担当教諭】神崎 貴久、（GOSEA 岡村 盡）
【実践学年】4年 14名
【選択体験】省エネ行動トランプ

本校は沖縄県の離島「久米島」に6つある小学校のうちの1校である。久米島は、電力やガスが沖縄本島と接続されておらず、台風のたびに停電することから、都会よりもエネルギーが比較的身近である。この地域環境を活かすため、身近なところからエネルギーに関する知識を得られる本プログラムを行った。楽しみながら日々の行動が意外に大きな省エネルギーにつながることを知り、日々の生活に新しい視点を獲得できた。

2019年度実施

久米島町立久米島小学校

【所 在 地】沖縄県島尻郡久米島町
【対象教科】総合的な学習の時間
【担当教諭】菅間 伸也
【実践学年】5年 12名
【選択体験】節電実験、省エネ行動トランプ

久米島町が行うエネルギー教室と社会科の学習における、石油や石炭が地球環境にもたらす影響についての単元とあわせて行った。児童は、再生可能エネルギー興味関心を持ち、太陽光発電所の見学など、主体的に学習を進めることができた。節電実験では、家電の消費電力を調べ、ドライヤーなど熱を発生させる機器の使用時に、エネルギーを多く消費することに気づき、これから家庭でも、省エネを意識したいとふりかえる児童もいた。

2020年度実施

久米島町立仲里小学校

【所 在 地】沖縄県島尻郡久米島町
【対象教科】総合的な学習の時間
【担当教諭】富原 貴寛、喜原 雄輝、（GOSEA 岡村 盡、日比野 時子）
【実践学年】5・6年 50名
【選択体験】節電実験、省エネ行動トランプ

これまで省エネをあまり意識していなかった児童が、授業を通してエネルギーを大切にしなければならないという気持ちを持つことができた。目に見えないエネルギーをメーターの記録や記録したメーターの数値をグラフ化することより、視覚的に節約できた量を知ることができた。さらに本校では、パワーポイントを使って発表を行った。子ども達が自分達の意見や考えを周りの人に伝える事ができたのは、大きな成果であった。

2019年度実施

久米島町立球美中学校

【所 在 地】沖縄県島尻郡久米島町
【対象教科】総合的な学習の時間
【担当教諭】宇久本 勝枝、長濱 和章、高橋 翔太、金城 潤
【実践学年】1年 32名
【選択体験】エコ・クッキング

テキストと動画、トランプやカードで進められたので、興味を持って取り組み、理解できた。具体的な省エネ行動に感心し、発見や気付きの場面も多くあった。一番印象に残ったのが、エコ・クッキングで、野菜くずを捨てない工夫に衝撃を受けた生徒が多く、家庭でも実践してみたいという感想が多かった。1年生は発達に個人差が大きく、授業で理解できたと思っても、省エネ行動に取り組むことが出来ない生徒もいた。

2019年度実施

久米島町立久米島西中学校

【所 在 地】沖縄県島尻郡久米島町
【対象教科】総合的な学習の時間
【担当教諭】亀川 綾子
【実践学年】3年 37名
【選択体験】節電実験、エコな買い物＆調理カード

事前学習として久米島町のエネルギー事情をもとに身近で一番良く利用している電気エネルギーの消費について考え、発電所の見学を行った。生徒の声として、「家でも気にするようになった」「実際にやってみたら難しかった」等、環境や省エネに意欲が高くなった事が伺える内容があった。また、その後地域の発展に向けての個人テーマにエネルギー問題に付いて取り上げ、自分にできることをより深く考えた生徒もいた。

2019年度実施

家庭科として実施

東京学芸大学附属世田谷中学校

【所 在 地】東京都世田谷区
【対象教科】技術・家庭科
【担当教諭】関野 かなえ
【実践学年】1年 140名
【選択体験】節電実験

「メーター記録シート」を行うことで、省エネ効果が目に見えて分かり、生徒は省エネ行動を継続することの大切さを実感できたようだ。また、家族を巻き込んで実施した家庭の省エネ効果が顕著に見られた。このことからも、地球を守るためには周りの人たちに今回の学びを広めていく必要があるという意識の高まりも見られた。新聞作成では、自ら調べたいことをまとめ、分かりやすく他者に伝える工夫ができ、本プログラムを通して情報活用能力も身に付くと感じた。加えて、自分ができる省エネ行動を宣言することで、これまでの学びを実生活で実行する意識付けとなった。今後も持続可能な社会の構築に向けて、行動し続けていくことが重要であると考える生徒の姿が多く見られた。

2019年度実施

東京家政大学附属女子中学校

【所 在 地】東京都板橋区
【対象教科】技術・家庭科
【担当教諭】崇田 友江
【実践学年】2年 69名
【選択体験】節電実験

食物分野に入る前に4時間で実践したが、食物の授業の中でも、学んだことを生かし、学習を深めることができた。このことは、衣・住・消費生活と、どの分野にも生かせる、いや生かしていかなければならない内容だと思う。「持続可能な社会」に向けて、学んだことが実践できる生徒の育成を目指していきたいと思う。

2019年度実施

藤女子中学校・高等学校

【所 在 地】北海道札幌市
【対象教科】技術・家庭科
【担当教諭】奈良 英代
【実践学年】1年 115名
【選択体験】エコ・クッキング

技術・家庭科「B食生活と自立」、「D消費生活と環境」のガイダンス的内容と位置づけ取り上げた。どのステップにも生徒の主体性を引き出す工夫があり、集中力を高め理解を促す動画の効果的な活用も示されている。スウェーデンの高校生グレタさんの活動が広がりを見せており、気候変動の影響を日本の生徒も実感しているようだ。

2019年度実施

宇都宮大学共同教育学部附属中学校

【所 在 地】栃木県宇都宮市
【対象教科】技術・家庭科
【担当教諭】門澤 裕美
【実践学年】2年 157名
【選択体験】エコ・クッキング、エコ
　　　　　な買い物&調理カード

生徒は、環境問題についてキーワードになる言葉を知っていたが、具体的にどんなことが課題となっているのかを考えたことはなく、漠然と省エネした方がいいのだろうと考えていた。この授業で、より具体的な省エネ行動を考えることができた。特にエコ・クッキングの実践でもっとやってみたいと意識を高くもつ生徒も見られた。

2019年度実施

昭島市立多摩辺中学校

【所 在 地】東京都昭島市
【対象教科】家庭科
【担当教諭】鳴川 裕美
【実践学年】3年 102名
【選択体験】エコ・クッキング、エコ
　　　　　な買い物&調理カード

調理実習経験のない生徒たちだったが、エコ・クッキングでは、自分達でも時間内で本格的な調理ができることに驚き、また、随所にあるエコポイントに関心を示していた。 実践的な体験実習のみを全て行うような取り組み方を試してみるなど、生徒の実態に合わせた多様な実践が可能な教材だと思う。

2019年度実施

琉球大学教育学部附属中学校

【所 在 地】沖縄県中頭郡西原町
【対象教科】技術・家庭科
【担当教諭】上間 江利子
【実践学年】2年 159名
【選択体験】エコ・クッキング

家庭での省エネ行動は、省エネ教育プログラム終了後の現在も、取り組んでいるという生徒が多く、行動変容につながっている。エコ・クッキングでは、「おいしく、思ったより簡単にできて、環境にも良いので家でも作ってみたい」という生徒の感想が多く聞かれた。その後の調理実習でも、エコ・クッキングを意識し取り組んでいる。

2019年度実施

家庭科として実施

千葉県立長生高等学校

【所 在 地】千葉県茂原市
【対象教科】家庭科
【担当教諭】河野 由香里
【実践学年】2年 279名
【選択体験】省エネ行動トランプ、
　　　　　　エコな住まい方すごろく

千葉県は、今年度（2019年）は台風や大雨の影響が大きかった。そのため、生徒たちは電気やガス等のエネルギーや水の大切さについて改めて考え、今後につながる良い授業になった。新聞作成・発表では、環境について自ら学び、考えや意見をまとめることで、今後の自分の生活について考える良い機会となった。

2019年度実施

神奈川大学附属中・高等学校

【所 在 地】神奈川県横浜市
【対象教科】家庭科
【担当教諭】安部 明美、和田 瑞希
【実践学年】2年 208名
【選択体験】エコ・クッキング

ステップが進むごとに省エネ行動が増す生徒が多くなっていった。エコ・クッキングでは、ごみ削減や節水に取り組み、被服実習で製作したアクリルたわしの活用を試みた。新聞作成は、一人一台のiPadを活用し、完成度の高い新聞を目指した。今後も「環境問題と省エネ」を自分事として捉える取り組みをしていきたい。

2019年度実施

東京家政大学附属女子高等学校

【所 在 地】東京都板橋区
【対象教科】家庭科
【担当教諭】和田 八代里、針生 貞子、
　　　　　　権藤 真理子
【実践学年】2年 242名
【選択体験】エコ・クッキング

授業で取り組み、考え、身に付けた知識をいかに実践につなげていくかが課題であると考え、教科の取り組みを事前に家庭にお知らせした。デジタル教材を活用し授業に取り入れたが、効率よく情報提供することができた。持続可能な社会に向け、一人ひとりが実践者となれるよう、継続して取り組んでいきたいと思う。

2019年度実施

群馬県立利根実業高等学校

【所 在 地】群馬県沼田市
【対象教科】家庭科
【担当教諭】鈴木 悦子
【実践学年】1年 73名
【選択体験】エコ・クッキング

エネルギーについて、改めて意識し、自ら気づき実践することで、自分の家庭の使用量の変化を確認できたことは大変有意義であった。講義中心になりがちな環境問題の授業を、実践行動を伴い、確認しながら取り組めたことは、今後の実践行動の向上に役立つと感じた。楽しみながら、積極的に取り組む生徒が多かった。

2019年度実施

様々な教科で実施

神奈川県立住吉高等学校

【所 在 地】神奈川県川崎市
【対象教科】総合的な学習の時間
【担当教諭】茂呂 雅樹 他
【実践学年】2年 353名
【選択体験】エコ・クッキング

一見複雑な内容だが、指導の流れがとてもきめ細かく書かれていること、またテキストに写真や図が多く用いられていることから教員の指導上の負担は大きくなかった。一方で生徒も自分にできることに関して行動目標を立て、実行に移せている生徒もいたので、有意義な環境教育だった。「選択体験」は、家庭科と連携した。

2018年度実施

藤女子中学校・高等学校

【所 在 地】北海道札幌市
【対象教科】保健体育
【担当教諭】浅川 美樹
【実践学年】2年 112名
【選択体験】省エネ行動トランプ

高校2年生保健体育の単元「社会生活と健康」の導入として4時間で実践した。中学生の時にも家庭科で習っていたので、反復して学習することにより知識を定着させることができた。さらにその知識を、持続可能な社会を目指すために生徒一人ひとりがどう実践していくべきかを考えさせるよう働きかけた。

2019年度実施

神奈川県立津久井浜高等学校

【所 在 地】神奈川県横須賀市
【対象教科】化学基礎
【担当教諭】千葉 祐輔
【実践学年】1年 80名
【選択体験】エコ・クッキング・節
　　　　　　電実験

初回は省エネに対する意識や取り組み状況がほとんどゼロに近い状態だったが、授業の回を重ねるごとに省エネに対する意識や取り組みが向上し、省エネ行動をしっかりと実践できていた。特に、「選択体験」後に省エネ行動をより実践しようとする意欲が向上しており、その効果が数値となって表れていた。

2018年度実施

選択授業で実施

帝塚山学院中学校高等学校

【所 在 地】大阪府大阪市
【対象教科】創究講座 環境学入門
【担当教諭】木戸 直子
【実践学年】2年 42名
【選択体験】節電実験

総合的な学習の時間を利用した「環境学入門」にて実施した。これまでの経験から、環境問題を身近な問題として捉えるためには身近な例を挙げて実際に体験するのが最もよいと考えていたため、今回のプログラム内容は短期間で省エネについての紹介や体験ができ、効率よく展開できた。

2018年度実施

大阪府立西寝屋川高等学校

【所 在 地】大阪府寝屋川市
【対象教科】選択デザイン
【担当教諭】服部 有晋
【実践学年】3年 15名
【選択体験】節電実験

学んだ知識でより環境に配慮した日常生活を目指すため、「生活をデザインする」ことをテーマに実施した。奇しくも「大阪北部地震（2018年）」では、毎週記録のためにガスメーターを見ていた生徒が自力でガスメーターのボタンを使って復旧させるなど予想外のところでも成果を見せてくれた。

2018年度実施

新渡戸文化学園 新渡戸文化高等学校

【所 在 地】東京都中野区
【対象教科】クッキングコース
【担当教諭】井上 陽佑
【実践学年】1年 10名
【選択体験】節水実験、エコな買い物＆調理カード

本校は普通科の高校だがクッキングコースというコースがあり、調理系の科目を3年間で14単位取得する。環境に関する学習として、市場見学や食品ロスについての探求学習を行っており、環境教育の1つとして実施したさらにエネルギー問題に広げ、水資源について考える導入として「節水実験」を行った。

2019年度実施

教員養成校等で実施

東京家政大学

【所 在 地】東京都板橋区
【対象教科】食教育の研究
【担当教諭】赤石 記子、三神 彩子
【実践学年】3年 82名
【選択体験】エコ・クッキング

家庭科教職課程の必修科目で授業を実施した。授業中はできるだけペアやグループで考えさせ、全員の前で発表することで共通理解を深めるようにした。環境問題への関心を持つ人が教育前は64%だったが、教育後には96%に上昇し、省エネ行動16項目についても、行動変容が大きく見られた。

2019年度実施

新渡戸文化短期大学

【所 在 地】東京都中野区
【対象教科】食品学実験
【担当教諭】荒木 葉子
【実践学年】1年 72名
【選択体験】節水実験

体験授業は「節水」を選択した。食器汚れの拭き取り前後では歴然とした水の使用量の差が出た。汚れが少ないことで洗剤に含まれる界面活性剤の付着量が少なくなり、結果、食器洗浄の水の使用量が少なくて済んだ。学生が節水をする上で具体的で、かつ再現性についても納得いくことが出来る方法であった。

2018年度実施

名古屋女子大学

【所 在 地】愛知県名古屋市
【対象教科】家庭科教育法
【担当教諭】富士栄 登美子
【実践学年】3年 85名
【選択体験】省エネ行動トランプ

デジタル教材活用することで、メーターの読み方から記録シートへの記入、各ステップの説明をビジュアルに解説することができた。学生たちの「環境新聞」の発表を聞いて、エコ・クッキングを実際に家でやってみたこと、シールを貼って、シャワー時間も5分以内にするように努力したことなどが分かった。

2018年度実施

授業後の発展学習例　中学、高等学校での実践では、授業後にも課題意識を持った生徒が継続的に省エネ行動に取り組んでいたという報告が、複数寄せられた。中でも、メーター記録シートの記録でエネルギー使用量を把握でき、省エネ行動の結果が可視化できることから、授業後にも記録を続けて自主的に学習を深めた生徒が複数の学校でみられた。藤女子中学校では、授業後も省エネ行動とエネルギーデータ記録を続けた生徒が、研究結果を北海道新聞エコ大賞で発表し、入賞するなど学習の広がりが見られた。

新聞作成事例／小学生

わかりやすいように イラストを入れたりカラフルに 色分けしているたん！

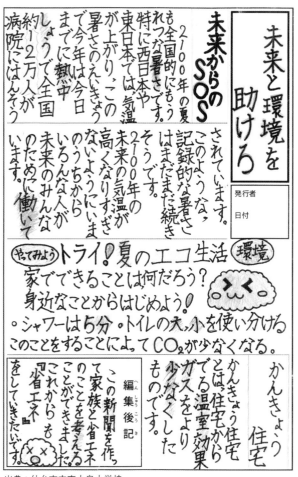

出典：仙台市立南小泉小学校

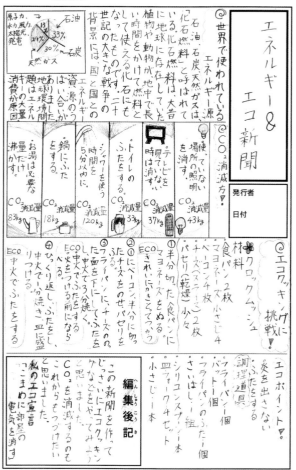

出典：足立区立中島根小学校

出典：岡崎市立矢作南小学校

出典：岡崎市立矢作南小学校

グラフや図表も活用してみよう！
読みやすい書き方を
考えているたん！

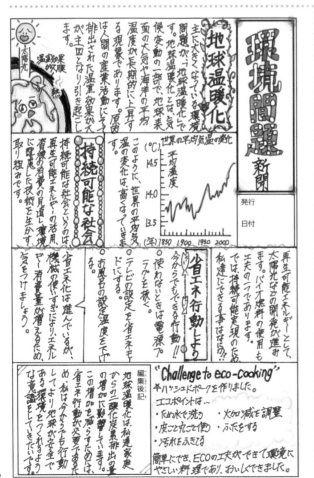

出典：昭島市立多摩辺中学校

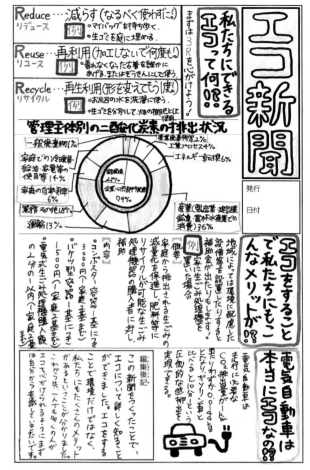

出典：東京家政大学附属女子中学校・高等学校

出典：琉球大学教育学部附属中学校

出典：藤女子中学校・高等学校

新聞作成事例／高校生

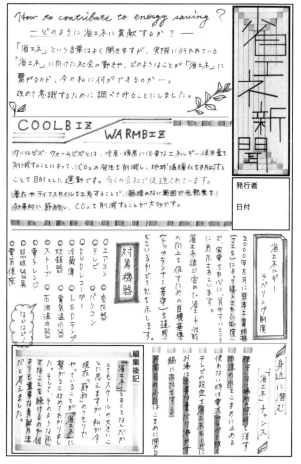

出典：藤女子中学校・高等学校

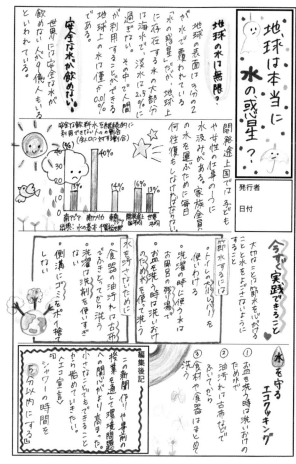

出典：神奈川大学附属中・高等学校

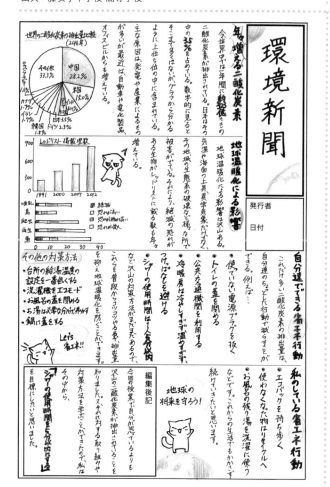

出典：千葉県立長生高等学校

出典：東京家政大学附属女子中学校・高等学校

124

子どもたちや保護者の声　〜どんなことを学んでいるのか〜

　本教材プログラムの中にある「新聞」作成課題（P122〜124）の「編集後記」と「そらたんからの挑戦状（P91〜92）の保護者の声から子どもたちがをどんなことを学び、感じているのか、本教育が家庭での取り組みにどんな影響を与えるのかをご紹介します。

■子どもの声から見てみよう

　本プログラムを導入した小学校にて子どもたちが作成した新聞の編集後記に書かれていた内容から、子どもたちが学習を通してどんなことを学んでいるのかを見ていきましょう。編集後記に出てきた上位10単語（名詞）とそれに紐づく言葉を見ても、地球温暖化や地球の状況を知り、「これから」、「省エネ」行動や「エコ」活動を続ける意欲が確認できます。なお、中高生に関しても、こういった教育を受けてきた経験値が低いことから同様の傾向がみられました。

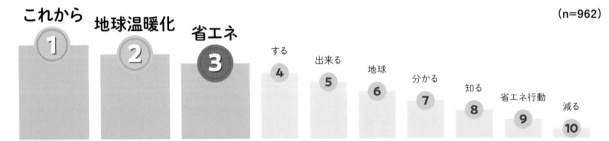

(n=962)

図　「今日からはじめる省エネ教育」にて小学生が作成した新聞の編集後記にみる頻出単語（名詞および動詞上位10単語）
※プラスアルファコンサルティング「見える化エンジン version8.9」にて分析

省エネ行動に取り組みたい〜新聞の編集後記から〜

私はできるだけ多くの省エネに取り組み、地球温暖化から地球を守りたいです。これから私たちの人間は環境のことを考えて省エネ行動に取り組む必要があると考えました。

私は温暖化が原因で果物なども影響を受けるんだなと思いました。家族と一緒に省エネ行動をして温暖化を防ごうと思いました。この新聞を作り始めて、私は未来のことも考えるようになりました。

この授業を受けて、地球はこんなにひどくなっていることを改めて感じました。これから、まず、自分が省エネ行動を始めていき、少しずつ周りの人に伝えていけたらいいなと思います。また、自分で、「省エネノート」みたいなのを作ってもいいなと思いました。

ぼくは、省エネ行動について、家族と一緒に話し合いました。省エネ行動のシールもはりました。なので、最近は、家族みんなで無駄なことはしないのをがんばっています。これからも家族みんなでがんばろうと思います。

小学生の声

普段無理をしてやるイメージがあった省エネですが、他にどんなものがあるのだろうと興味がもてました。モチベーションもあがりそうで、世間に普及していけばよいと思いました。

私も節約するためにシャワー時間を計っていたら5分以内で終わるものだと思っていたものが意外にオーバーしていて予想外でした。そこから、たまに消し忘れる階段の電気も段々と消し忘れがなくなり、省エネに気をつけるようになりました。

私はもともと環境問題にあまり関心がありませんでしたが、この新聞づくりをきっかけに様々なことを調べ、考え、知ることができました。これからは省エネをさらに心がけて生活していきたいと思います。

この新聞を作って次の世代である私たちが省エネを進めていくことによって次の世代に引き継がれていくと思いました。「私のエコ宣言」自分ができる省エネ行動をふやします。

中学生の声

地球温暖化について知っているつもりでしたが、
新しく知る知識も多く、認識の甘さを痛感しました。
これからは省エネを心がけ、
地球に優しい生活をしていきたいです。

私がこの新聞を作ってみて、思ったことは
私たちができる節約の方法や省エネのやり方は
いくらでもあるんだなということです。これからも省エネ・節約に
ついて色々考えて、実行していきたいと思います。

「地球温暖化」や「省エネ」といった言葉は、
ニュースなどでよく耳にしていたけれど、
実際にきちんと学んでみると、
知らなかったことがたくさんあった事に、
気がつきました。もっと積極的に
興味を持って、取り組んでいきたいです。

省エネ活動には身近な所でできるものが多いと
知って驚きました。実際にやってみても
とても簡単でした。しかし、意識していても
正しく理解できていない人や、省エネに対し
何もしていない人がいるので、
もっとたくさんの人に知ってほしいと思いました。

高校生の声

■保護者の声から見てみよう

　「そらたんからの挑戦状」の保護者の声からも、本教育により「省エネ」について「子ども」が考えるきっかけになったり、「家族」全員の問題としてとらえ、「行動」につながっていっている様子が見られ、学校での学びが家庭に生かされていることが分かります。

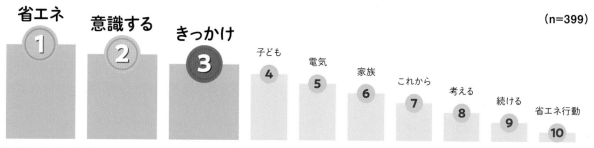

図　「今日からはじめる省エネ教育」に参加した小学生の保護者の声の自由記述にみる頻出単語（名詞および動詞上位10単語）
※プラスアルファコンサルティング「見える化エンジン version8.9」にて分析

省エネ行動に取り組みたい～保護者の声から～

今回の取り組みのおかげで、
子どもが家族に省エネ行動を教えてくれたり、
すすんで行動してくれていたので、
心がけるようになりました。これからも続けていきたいです。

普段自分では省エネを意識していますが、なかなか
子どもと省エネについて話す機会がなかったので、
今回の取り組みに参加できて良かったです。
親子で省エネについて話すことが増えました。

普段の生活で省エネするように
気をつけていたつもりでしたが、
機器の設定まで気にしていなかったので、
今後も気をつけようと思いました。
とても良いきっかけになりました。
目につく場所に省エネのシールが
貼ってあるのは効果がありました。

毎週メーターの数値が増えていく様子を見て、
子ども自らが電気を使う量を減らそうという
気持ちが芽生えたようです。以前と比べて
電気をこまめに消したり、なるべく暖房をつけずに
家で防寒（トレーナーを着込む）をして
電気を使わないように工夫していました。

小学生の保護者

✖ 本書で取り上げた省エネ教育ゲーミング教材* の紹介

省エネ行動トランプ

対象学年　：小学校低学年〜
学べる内容：省エネ行動全般

監修／慶應義塾大学　教授　杉浦淳吉
著作／暮らし創造研究会(2020.3)
出版／開隆堂出版株式会社
価格／ 1,500円（税抜）

1枚に1つの省エネ行動を日本語と英語で紹介

この行動を1年間すると節約できる金額

この行動を1年間すると減らせる二酸化炭素（CO_2）排出量

● 衣生活・食生活・住生活と環境の授業で使えるアクティブラーニング教材
● 省エネ行動の実例を53種類知ることができる
● ゲーミング・シミュレーションの手法を用いて、ゲーム感覚で省エネの学習ができる
● 省エネ行動は簡単な英文を併記しているため、英語教育にも使用できる

エコな住まい方すごろく

対象学年　：小学校高学年〜
学べる内容：住まいの計画・環境問題と
　　　　　　暮らしの関わり

監修／慶應義塾大学　教授　杉浦淳吉
著作／暮らし創造研究会(2017.3)
販売／開隆堂出版株式会社
価格／ 1,800円（税抜）

● 住生活を考える教材として、中学校や高等学校の家庭科等の補助教材として使える。
● 住宅リフォームを題材に、よりよく住むということを考え、住生活への理解を深める
● 住環境のかかえる問題点や改善方法を知ることができる
● 解説書「活用読本」、生徒用の振り返りシート付き

　*ゲーミング教材：ここでは、教育・訓練や理論を学ぶために、現実に起こっている事象や起こりうる事象をモデル化し、楽しみながら学べるようゲーム形式にしたものを指す。

体験授業で活用した、
省エネ行動について考える
ゲーミング教材を紹介するたん！

エコな買い物＆調理カード

対象学年　　：小学校高学年〜
学べる内容　：買い物から調理、
　　　　　　　片づけまでの食生活での
　　　　　　　エコ行動

監修／東京家政大学大学院　教授　長尾慶子
著作／三神彩子　赤石記子　他（2018.11）
販売／開隆堂出版株式会社
価格／　2,000円（税抜）

● 個々の学習とグループワークどちらでも活用できる

● 調理、食材、エコ行動について、実践的な知識が身につく

● 目的を持って選択し、要素を組み合わせていくゲームを通して、プログラミング的思考を養う

● 授業中に実際に行いにくい「買い物での選択」についても、ゲーミフィケーションにより、楽しく
　体験することができる

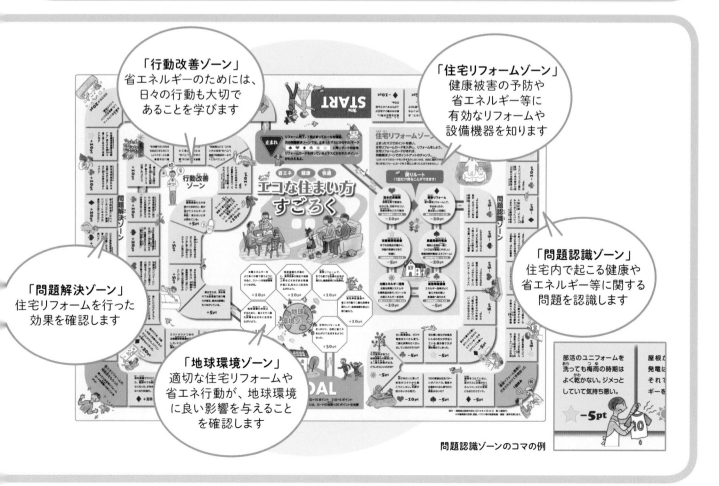

「行動改善ゾーン」
省エネルギーのためには、
日々の行動も大切で
あることを学びます

「住宅リフォームゾーン」
健康被害の予防や
省エネルギー等に
有効なリフォームや
設備機器を知ります

「問題解決ゾーン」
住宅リフォームを行った
効果を確認します

「問題認識ゾーン」
住宅内で起こる健康や
省エネルギー等に関する
問題を認識します

「地球環境ゾーン」
適切な住宅リフォームや
省エネ行動が、地球環境
に良い影響を与えること
を確認します

問題認識ゾーンのコマの例

⚏SDGsと気候変動教育・省エネ教育との関連

「省エネ教育」でSDGsに取り組む!

　SDGsは、人間が地球でずっと暮らしていけるような世界をつくるための17の目標からなっています。この中でも対応が最も急がれるのは、「13.気候変動に具体的な対策を」です。なぜならこの目標は17項目全ての目標にかかわってくるからです。2050年に脱炭素(カーボンニュートラル*)を日本は表明していますが、温室効果ガス排出量を史上最大の規模で削減しなければ、気候変動に伴う、様々な影響(異常気象、自然災害の頻発、土地の劣化、生態系の破壊、海洋酸性化の拡大など)を免れません。また、その影響は壊滅的かつ不可逆的なものとなると指摘されています。

　本書では17項目の内5項目に焦点を当てていますが、気候変動に伴う災害が増えれば項目1の貧困にも拍車がかかりますし、項目6の安全な水の確保も難しくなり、項目10の不平等も貧富の差が激しくなるなど様々な影響が出てきます。その意味からも今こそ項目13をベースにした気候変動教育の中でも、すぐに実践につなげることができる「省エネ教育」が大切です。

*カーボンニュートラル(carbon neutral、炭素中立):地球上の炭素(カーボン)の総量に関し、人間の活動を通して、CO_2の排出と吸収がプラスマイナスゼロになるようなエネルギー利用のあり方やシステムの社会実装を指す概念。

■省エネ教育から学ぶ!私たち一人ひとりができるSDGs

国連が目指す目標
全ての人々に手ごろで信頼でき、持続可能かつ近代的なエネルギーへのアクセスを確保する

省エネ教育から学ぶ具体的項目
・エネルギーに関心を持つ
・再生可能エネルギーなど環境にやさしいエネルギーを選ぶ、使う

国連が目指す目標
持続可能な消費と生産のパターンを確保する

省エネ教育から学ぶ具体的項目
・エネルギーを大切に使う
・ごみや食品ロスを減らす
・容器包装を減らす
・水や空気を汚さない
・エコライフに取り組む

国連が目指す目標
気候変動とその影響に立ち向かうため、緊急対策を取る

省エネ教育から学ぶ具体的項目
・気候変動とその影響に立ち向かう
・一人ひとりが省エネに取り組む

国連が目指す目標
海洋と海洋資源を持続可能な開発に向けて保全し、持続可能な形で利用する

省エネ教育から学ぶ具体的項目
・家庭からの排水で海を汚さない
・プラスチックで海を汚さない

国連が目指す目標
陸上生態系の保護、回復および持続可能な利用の推進、森林の持続可能な管理、砂漠化への対処、土地劣化の阻止および回復、ならびに生物多様性損失の阻止を図る

省エネ教育から学ぶ具体的項目
・自然を大切にする
・生態系を守る
・森林資源を大切に使う

図:三神彩子考案

■各ステップで学ぶSDGs

プログラム	SDGsとの関連	プログラム	SDGsとの関連
ステップ1	7 12	ステップ4(電気)	7 12 13
ステップ2	7 12 13 14 15	ステップ4(省エネ行動トランプ)	7 12 13 14
ステップ3	7 12 13	ステップ5	7 12 13 14 15
ステップ4(ガス)	12 13 14	ステップ6	7 12 13 14 15
ステップ4(水道)	12 13 14		

■■索引

あ

アクティブ・ラーニング ・・・・・・・・・・・・・・・・・・・・・ 1,100

い

EE（Environment Education：環境教育） ・・・・ 100

ESD（Education for Sustainable Development：
持続可能な開発のための教育） ・・・・・・・・・・・・・・・ 100

一次エネルギー ・・・・・・・・・・・・・・・・・・・・・・・・・ 16

う

WOOP（ウープ）・・・・・・・・・・・・・・・・・・・・・・・・・・ 99

ウォームビズ（WARM BIZ）・・・・・・・・・・・・・・・・・ 68

え

エコ・クッキング ・・・・・・・・・・・・・・・・・・・ 37-42,45-48

エコな買い物&調理カード ・・・・・・・・・・・・・・ 83,128

エコな住まい方すごろく ・・・・・・・・・・・・・ 83,127-128

SDGs（Sustainable Developmet Goals）
・・・・・・・・・・・・・ 1,82,100,106-108,129

エネルギー ・・・・・・・・・・・・・・・・・・・・・・・ 14,30,48

エネルギー自給率 ・・・・・・・・・・・・・・・・・・・・・・・ 16

LED（Light Emitting Diode：発光ダイオード）・・・・ 71

お

屋上緑化 ・・・・・・・・・・・・・・・・・・・・・・・・・・・・・・ 33

温室効果ガス ・・・・・・・・・・・・・・・・・・・・・・・・・・ 24

オンライン ・・・・・・・・・・・・・・・・・・・・・・・ 111-112

か

カーボンニュートラル ・・・・・・・・・・・・・・・・・・・ 1,129

ガスメーター ・・・・・・・・・・・・・・・・・・・・・・・・・・・・ 12

家庭学習 ・・・・・・・・・・・・・・・・・・・・・・・・・ 111-112

家庭用燃料電池 ・・・・・・・・・・・・・・・・・・・・・ 76,80

カリキュラム・マネジメント ・・・・・・・・・・・・・・・ 105-108

環境教育（EE）・・・・・・・・・・・・・・・・・・・・・・・・・ 100

き

気候変動 ・・・・・・・・・・・・・・・・・・・・・・・・・ 1,19,25

気候変動教育（CCE）・・・・・・・・・・・・・・・・ 1,100,129

く

クールビズ（COOL BIZ）・・・・・・・・・・・・・・・・・・・ 68

クロックムッシュ ・・・・・・・・・・・・・・・・・・・・・ 38,45

け

ゲーミング ・・・・・・・・・・・・・・・・・・・・・・・・・・・・ 127

こ

行動プランシート ・・・・・・・・・・・・・・・・・・・・ 86,97

行動プラン法 ・・・・・・・・・・・・・・・・・・・・・・・・・・ 1-2

行動変容ステージモデル ・・・・・・・・・・・・・・・・ 1,99

光熱費 ・・・・・・・・・・・・・・・・・・・・・・・・・・・・・・・ 84

し

CO₂（シーオーツー：二酸化炭素）・・・・・・・・・・・ 20

CO₂排出係数 ・・・・・・・・・・・・・・・・・・・・・・・・・・ 80

CCE（Climate Change Education：気候変動教育）
・・・・・・・・・・・・・・・・・・・・・・・・・・・・・ 1,100

持続可能 ・・・・・・・・・・・・・・・・・・・・・・・・・・・・ 1,73

持続可能な開発目標 ・・・・・・・・・・・・・・・ 1,82,100

省エネ教育 ・・・・・・・・・・・・・・・・・・・・・・ 1,99,129

省エネ／省エネルギー ・・・・・・・・・・・・・ 1,10,100

省エネ行動トランプ ・・・・・・・・・・ 65-67,70-72,83,127

消費電力 ・・・・・・・・・・・・・・・・・・・・・・ 57-59,62-64

新学習指導要領 ・・・・・・・・・・・・・・・・・・・ 1,101-104

新聞作成シート ・・・・・・・・・・・・・・・・・・・・・ 86,95-96

す

水道メーター ・・・・・・・・・・・・・・・・・・・・・・・・・・ 12

スマートエネルギーネットワーク ・・・・・・・・・・・・・・ 78

スマートメーター ・・・・・・・・・・・・・・・・・・・・・ 76,80

STEM教育（Science, Technology, Engineering
and Mathematics：ステム教育）・・・・・・・・・・・ 109

せ

節水 ・・・・・・・・・・・・・・・・・・・・・・・ 49-52,55-56

ZEH（Net Zero Energy House）・・・・・・・・・・・・ 78

節電 ・・・・・・・・・・・・・・・・・・・・・・・・・・・・・ 57-60

そ

そらたんからの挑戦状 ・・・・・・・・・・・・・・・・・ 85,91-94

た

待機時消費電力 ・・・・・・・・・・・・・・・・・・・・・・・・ 60

太陽光 ・・・・・・・・・・・・・・・・・・・・・・・・・・ 33,76,80

脱炭素 ・・・・・・・・・・・・・・・・・・・・・・・・・・・・・・・・ 1

ち

地球温暖化 ・・・・・・・・・・・・・・・・・・・・ 1,20,24,30

蓄電池 ・・・・・・・・・・・・・・・・・・・・・・・・・・・ 76,80

チラシのごみ入れ ・・・・・・・・・・・・・・・・・・・・・・・ 40

て

電気メーター ・・・・・・・・・・・・・・・・・・・・・・・・・・ 12

電力使用量 ・・・・・・・・・・・・・・・・・・・・・・・・ 58,62

な

ナッジ（Nudge）・・・・・・・・・・・・・・・・・・・・・・・ 1,99

に

二酸化炭素（CO₂）・・・・・・・・・・・・・・・・・ 1,20,24

ね

ネットゼロエネルギーハウス・・・・・・・・・・・・・・・・・・ 78

は

ハッシュドポーク ・・・・・・・・・・・・・・・・・・ 41-42,47

ひ

ピークカット ・・・・・・・・・・・・・・・・・・・・・・・・・・ 64

ピークシフト ・・・・・・・・・・・・・・・・・・・・・・・・・・ 64

ふ

フレンチトースト ・・・・・・・・・・・・・・・・・・・・・・・ 45

プログラミング教育 ・・・・・・・・・・・・・・・・・・・・ 109

へ

HEMS（Home Energy Mangement System：ホーム
エネルギーマネジメント）・・・・・・・・・・・・・・・・ 76,80

ほ

ホームエネルギーマネジメントシステム ・・・・・・・・・ 80

ま

マカロニサラダ ・・・・・・・・・・・・・・・・・・・・・・・ 39,46

め

メーター記録シート ・・・・・・・・・・・・・・・・・ 85,87-90

著作関係者

監修：省エネ教育プログラム検討委員会

〈省エネ教育プログラム検討委員会〉

委員長：長尾　慶子　　東京家政大学大学院　人間生活学総合研究科　客員教授

委　　員：赤石　記子　　東京家政大学　家政学部　講師

天野　晴子　　日本女子大学　家政学部　教授

荒木　葉子　　新渡戸文化短期大学　生活学科　准教授

入江　誠剛　　福岡大学　人文学部　教授

杉浦　淳吉　　慶應義塾大学　文学部　教授

曽我部　多美　　白百合女子大学　人間総合学部　初等教育学科　非常勤講師
　　　　　　　／東村山むさしの幼稚園（第一認定こども園）園長

武井　利依　　足立区立中島根小学校　校長／東京都公立小学校家庭科研究会　会長

辻　　優輝　　一般社団法人日本ガス協会　主任

中上　英俊　　株式会社住環境計画研究所　代表取締役会長

松葉口　玲子　横浜国立大学　教育学部　教授

三神　彩子　　東京ガス株式会社　都市生活研究所　統括研究員／東京家政大学　非常勤講師

（五十音順）

事務局：鶴崎　敬大　　株式会社住環境計画研究所　研究所長

平山　　翔　　株式会社住環境計画研究所　主任研究員

矢田　麻衣　　株式会社住環境計画研究所　研究員

執　　筆：三神　彩子（P1〜130）、赤石　記子（P37〜72、103〜110）、荒木　葉子（P49〜56）

撮影協力：東京ガス株式会社　都市生活研究所
　　　　　東京家政大学ヒューマンライフ支援機構　ヒューマンライフ支援センター
　　　　　一般社団法人　日本ガス協会

2021年3月1日現在

省エネ教育プログラム検討委員会とは.......省エネ教育プログラムを開発するために2017年に住環境計画研究所及び東京ガス都市生活研究所を中心に設立された。2018年からは、環境省「低炭素型の行動変容を促す情報発信（ナッジ）等による家庭等の自発的対策推進事業」委託業務の一環である「学校教育アプローチによる『B2E2Cナッジ』事業」にて使用する教材及びプログラムをより良いものとし、全国へ普及するための委員会として活動を行ってきた。

企　　画：東京ガス株式会社　都市生活研究所

企画コーディネート：ロケーションリサーチ株式会社

編集・制作：株式会社サイバーコム

※エコ・クッキングは東京ガス株式会社の登録商標です。

今日からはじめる省エネ教育

2021年4月20日　初版発行

編著者　　三神彩子・赤石記子・荒木葉子

発行者　　大熊隆晴

発行所　　開隆堂出版株式会社
　　　　　〒113-8608　東京都文京区向丘1-13-1
　　　　　TEL 03-5684-6116（編集）　http://www.kairyudo.co.jp

印刷所　　株式会社サイバーコム

発売元　　開隆館出版販売株式会社
　　　　　〒113-8608 東京都文京区向丘1-13-1
　　　　　TEL 03-5684-6118　振替 00100-5-55345